日本共産党

全国都道府県・地区委員長会議

記録集

2019.1.15～16

JN022211

志位和夫委員長の報告を聞く全国都道府県委員長・地区委員長会議の参加者
＝2019年1月15日、党本部

日本共産党は、1月15、16両日、全国都道府県委員長・地区委員長会議を党本部で開きました。

会議は、統一地方選と参院選での勝利に向けた意思統一をはかるとともに、「支部が主役」の党づくりを学びあう「組織活動の全国交流会」としても位置づけられました。事前に地区委員長のみなさんにアンケートを書いていただき、そこから中央が学んだ内容を7点にわたって報告し、さらに会議の討論で豊かに深めるという双方向でとりくむ会議となりました。

会議には、都道府県委員長、地区委員長と国会議員、参院選比例予定候補者が出席しました。

志位和夫委員長が常任幹部会を代表して、連続選挙の歴史的意義、国政の熱い焦点と日本共産党の立場、統一地方選での政治論戦、いかにして勝利の道を切り開くかについて報告しました。

討論では、2日間で57人が発言し、最後に志位委員長がまとめをおこないました。

この冊子には、志位委員長の報告とまとめ、57人全員の発言を収めました。

目次

参加者の発言

全国都道府県・地区委員長会議

志位委員長の報告

報告する志位和夫委員長＝2019年1月15日、党本部

全国からお集まりの同志のみなさん、インターネット中継をご覧の全国のみなさん、おはようございます。

都道府県委員長と地区委員長のみなさんの日夜を分かたぬ奮闘に、私はまず、心からの敬意と連帯のあいさつを送ります。

私は、常任幹部会を代表して、会議への報告を行います。

都道府県委員長と地区委員長が一堂に会する会議は、２００７年以来、12年ぶりとなります。この会議の目的は次の2点としたいと思います。

第一は、目前に迫った統一地方選挙、引き続く参議院選挙――歴史的な連続選挙での勝利にむけた意思統一を行うことであります。

第二に、第27回党大会決定で開催を確認した「『支部が主役』の党づくりを学びあう『組織活動の全国交流会』」としてもこの会議を位置づけ、成功させたいと思います。政党間の最も激しいたたかいが行われる選挙戦のなかでこそ、法則的な党活動を前進させるよう、中央と地方がお互いに学びあう会議にしていきたいと思います。

報告は、党大会決定、5中総決定、「党旗びらき」のあいさつ、「しんぶん赤旗」の新春インタビューなどを前提として、重点的に行います。

一、統一地方選挙と参議院選挙の歴史的意義

まず統一地方選挙と参議院選挙の歴史的意義についてのべます。

新しい軍国主義とファシズムへの歴史逆行を許してはならない

今年の連続選挙は、日本の命運を分けるたたかいになります。

安倍政権の強権政治、ウソと隠蔽《いんぺい》の政治がいよいよ極まっています。国会を愚弄《ぐろう》する強行採決が常態化し、沖縄に対する常軌を逸した強権政治が続いています。公文書の改ざん、データのねつ造、統計の偽装など、ウソと隠蔽の政治が横行しています。これは安倍政権の強さの表れでは決してありません。強権とウソでしかこの国を統治できない。それはこの政権の破たんの証明にほかなりません。

同時に、この暴走を許すなら、日本の政治と社会に取り返しのつかない災いをもたらすことになることを強く警告しなくてはなりません。

安倍首相の最大の野望は、憲法9条を改定し、日本を「戦争する国」へと改造することにあります。それは、新しい軍国主義とファシズムへの国家改造の野望にほかなりません。歴史逆行のこの暴走を絶対に許してはなりません。

日本の命運がかかった一大政治戦——〝安倍政治サヨナラ選挙〟に

強権とウソの政治を支えているものは何か。それは、安倍自公政権が、衆参ともに3分の2以上を占めるという、国会での「数の力」によってのみ支えられています。主権者・国民の審判で、「3分の2」体制を崩し、さらに少数に追い落とし、日本に民主政治を取り戻すことがまさに急務となっています。

参議院選挙は、野党にとってチャンスの選挙になります。全国32の1人区での「本気の共闘」が実現すれば、力関係の大変動を起こすことは可能です。わが党は共闘を実現し、勝利をかちとるために、とことん力をつくす決意であります。同時に、「比例を軸」に日本共産党の躍進をかちとることが、大変動を起こすもう一つのカギになります。

全国の同志のみなさん。日本の命運がかかったこの一大政治戦を、元気いっぱいたたかいぬき、〝安倍政治サヨナラ選挙〟にしていこうではありませんか。市民と野党の共闘の勝利、日本共産党の躍進で、安倍政権を退陣に追い込み、野党連合政権にむけた第一歩を踏み出す選挙にしていこうではありませんか。

参議院選挙に先立って行われる統一地方選挙は、「住民福祉の機関」という自治体本来の役割を取り戻すとともに、安倍自公政権に地方から審判を下す選挙になります。日本共産党の前進・躍進は、それぞれの自治体で福祉と暮らしを守るかけがえないよりどころを大きくするとともに、参議院選挙での共産党躍進にとって決定的に重要となります。それはまた参院選での共闘を成功させる最大の力ともなります。

歴史的な連続選挙での勝利にむけ、心一つに大奮闘する決意を、まずみんなで固めあいたいと思います。

二、国政の熱い焦点と、日本共産党の立場

次に国政の熱い焦点と、日本共産党の立場について、報告します。

私は、「党旗びらき」のあいさつで、２０１９年のたたかいの四つの争点を提起しました。積極的に受け止められ、全国どこでも新たなたたかいに踏み出しています。

四つの争点のどれをとっても、安倍政治は、深刻な矛盾が噴き出し、破たんに陥っていることが特徴であります。矛盾と破たんの焦点をしっかりとつかみ、攻めに攻める論戦とたたかいにとりくむことを訴えたいと思います。

消費税10％への大増税――「異議あり」の声が広がり「火だるま」状態に

第一は、消費税10％への大増税を中止し、暮らし第一で経済をたてなおす改革を求めるたたかいです。

いまの特徴は、消費税に賛成という人も含め、「今度の10％増税には異議あり」という声が大きく広がり、増税がいわば「火だるま」状態になっていることにあります。

「こんな経済情勢で増税を強行していいのか」という危惧、批判が広がっています。5年前の8％への消費税増税を契機にした深刻な消費不況、昨年（２０１８年）12月に発表された7～9月期のGDPの大幅な落ち込み、「米中貿易戦争」をはじめ世界経済を覆う暗雲など、日本経済は深刻な危機に直面しています。

日本銀行が9日発表した「生活意識に関するアンケート」（昨年12月調査）では、1年後の景気が今よりも「悪くなる」と答えた人の割合は39・8％となり、「良くなる」の7・8％を大きく引き離し、安倍政権になって最悪となりました。多くの経営者から、今年の景気見通しについて、お天気にたとえて、「激しく曇り」「台風」「ひょう」「逆風」などの悲観的な見方が広がっています。

こうしたもとで、「増税は必要」という立場の学者や経済人からも「いま増税を強行すれば日本経済を破壊する」との警告の声が次々にあがっています。

にもかかわらず安倍首相は、年頭所感で「景気回復の温かい風が全国津々浦々に届き始めた」とのべました。いったいこの日本のどこに「温かい風」が吹いているというのでしょうか。安倍首相の頭の中にだけ吹いているとしか言いようがありません。日本経済の実態とも、多くの国民の実感ともまったくかけ離れた驚きの経済認識というほかないではありませんか。これ一つをとっても、安倍首相に日本経済のかじ取りを担う資格なし、といわなければなりません。

さらに、安倍政権の消費税増税に対する「景気対策」なるものが、異常で奇々怪々なものとなったことへの強い批判が広がっています。とくに「ポイント還元」は、複数税率とセットになることで、買う商品、買う場所、買い方によって、税率が5段階にもなり、混乱、負担、不公平をもたらすとして怨嗟《えんさ》の的となっており、日本スーパーマーケット協会など3団体が見直しを求める異例の意見書を政府に提出しました。複数税率にともなう「インボイス」導入に、日本商工会議所など中小企業団体がこぞって反対しています。

まさに10％増税は「火だるま」状態です。連続選挙で安倍自公政権を大敗に追い込めば、10％を止める道が開かれます。「10月からの10％は中止せよ」の一点で大同団結し、世論と

運動を広げに広げようではありませんか。「増税するならまず大企業と富裕層から」――日本共産党が提唱している「消費税に頼らない別の道」を大いに語ろうではありませんか。

「戦争する国づくり」を許さない――大軍拡、安倍9条改憲の矛盾と致命的弱点

第二は、「戦争をする国づくり」を許さないたたかいです。

異常な大軍拡の是非が国政の大争点になっています。「専守防衛」という建前すら投げ捨てた空母や長距離巡航ミサイルの導入。トランプ大統領言いなりでの「浪費的爆買い」。あまりの道理のなさに自衛隊関係者からも批判の声が広がっています。

安倍内閣は、トランプ大統領の言うままに、ステルス戦闘機・F35を147機も大量購入する方針を決めましたが、これにかかる経費は、政府が公表した資料で計算しても運用の費用も含め総額6・2兆円にもなり、どこまで膨らむかわかりません。大軍拡への暴走が、国民の暮らしを押しつぶそうとしています。「軍事費を削って、福祉と暮らしに使え」を合言葉に、論戦とたたかいにとりくもうではありませんか。

昨年の国会で、憲法審査会を動かして改憲の発議をしようという安倍首相の野望を、水際で撃退したことは大きな成果でした。しかし、首相は、今年も年頭から改憲への執念を語っています。安倍首相による憲法9条改定の野望を許さないたたかいは、引き続き国政の最大の争点となっています。

安倍首相の改憲策動の最大の矛盾は、首相が自ら改憲の旗振りをすること自体が、憲法99条の憲法尊重・擁護義務に反し、立憲主義に反する暴挙となっているということにあります。首相が旗を振れば憲法違反になる、首相が旗を振らなければ進まない、ここに致命的な矛盾があります。朝日新聞は10日付の社説で、昨年の憲法をめぐる動きを振り返って、「憲法に縛られる側の権力者が自ら改憲の旗を振るという『上からの改憲』が、いかに無理筋であるかを証明した」とのべました。憲法と立憲主義に反する「無理筋」を進めようとしていることに、首相の策動の最大の矛盾があり、致命的な弱点があるのであります。

この矛盾・弱点を徹底的に突き、「憲法をないがしろにする首相に、憲法を変える資格なし」という立場で結束してたたかおうではありませんか。そのなかで「海外での無制限の武力行使」という9条改憲の真の狙いを広く明らかにしていきたいと思います。草の根からのたたかいと連続選挙での審判で、今年を、安倍9条改憲を安倍政権もろとも葬り去る年にしていこうではありませんか。

沖縄への連帯のたたかいの発展を――追い詰められているのは安倍政権の側

第三は、沖縄への連帯のたたかいをさらに発展させることです。

辺野古《へのこ》新基地建設をめぐるたたかいで大切なことは、大局でみて、追い詰められているのは安倍政権の側だということに深い確信をもつことです。

何よりも昨年9月の県知事選挙で玉城デニー知事の圧勝をかちとったことは、今後のたたかいの巨大な土台をつくるものとなりました。

安倍政権は、無法な土砂投入を開始しましたが、政府の側には工事をやりとげる展望はまったくありません。大浦湾側にはマヨネーズ状の超軟弱地盤などが存在し、防衛省の担当者も「護岸工事に着手できる見込みがない」と認めています。

土砂投入を契機に、沖縄県民の怒りが沸騰し、県民の怒りがあふれるように全国に、世界

に広がっています。アメリカのホワイトハウスに寄せられた辺野古埋め立て中止を求める署名は、タレントのローラさんや、イギリスのロックバンド「クイーン」のブライアン・メイさんなど、国内外の著名人が協力を呼びかけたことも話題となり、この1カ月で、またたくまに10万をこえ、20万をこえました。民主主義も地方自治も自然環境も破壊して恥じるところのない安倍政治の異常さが、世界からも指弾されているのであります。

安倍首相が、1月6日に放映されたNHK党首インタビューで、「土砂投入に当たって、あそこのサンゴは移植している」と、すぐにわかるウソを平然とのべたことに強い批判が集中しています。沖縄県民が怒りを募らせているのは、民意を無視した暴挙を行いながら、安倍首相が「県民の皆さまの心に寄り添う」と繰り返していることです。何という厚顔無恥でしょうか。この問題でも、安倍首相を一刻も早く辞めさせることが、問題解決への道であります。

2月24日に行われる県民投票を、妨害をはねのけて大成功させようではありませんか。4月21日の衆院沖縄3区補選で必ず勝利をかちとりましょう。米軍基地問題は全国の自治体でも切実な問題となっています。全国で連帯のたたかいをさらに大きく発展させることを心から呼びかけるものであります。

「原発ゼロの日本」を――国際的にも国内的にも原発はビジネスとして成り立たない

第四は、「原発ゼロの日本」をめざすたたかいを発展させることです。

安倍政権の原発推進政策が大破たんに陥っています。安倍首相が「成長戦略」の目玉に位置づけトップセールスを展開してきた「原発輸出」が総崩れに陥ったのはその象徴であります。それは、「安全対策」のためのコスト急騰などで、原発はもはやビジネスとしても成り立たなくなったことを劇的に示すものとなりました。

国内ではどうか。昨年の臨時国会で行われた原子力損害賠償法の改定で、事故の賠償に備えて義務づけられた民間保険会社などによる保険金額が、原発ごとに最大1200億円に据え置いたままとされたことが大きな問題となっています。東京電力福島第1原発事故の約8・6兆円におよぶ賠償額の深刻さを反映した増額が行われなかったのです。なぜか。民間保険会社が「増額を引き受けるのは困難」と拒否したためであります。すなわち、民間では原発事故のリスクを負いきれない。手におえない。国民に負担を付け回しするしかない。このこと自体が、原発の「ビジネス失格」を示すものではありませんか。

国際的にも、国内的にも、もはやビジネスとしても成り立たなくなった原発に、なおも「コストが安い」とウソをついてしがみつくのか。このことが厳しく問われています。この期におよんで原発にしがみつく安倍自公政権に連続選挙で厳しい審判を下し、「原発ゼロの日本」、「再生エネルギーへの大転換」を実現しようではありませんか。

破たんの根本に自民党政治の二つのゆがみ――党綱領の立場が大きな生命力を発揮

四つの争点のどれをとっても安倍政治は大破たんに陥っています。

破たんの根本には、「異常なアメリカ言いなり」「財界・大企業中心」という二つのゆがみをもった自民党政治が、深刻な行き詰まりに直面しているという大問題が横たわっています。このゆがみを根本からただし、「国民が主人公」の日本への改革をめざす日本共産党の綱領が、大きな生命力を発揮しています。

そしてこの綱領の立場があるから、日本共産党はどんな問題でも、ブレずに対決を貫き、解決の展望を示すことができるのであります。

全国の同志のみなさん。直面する問題で一致点にもとづく共同のたたかいを発展させる先頭に立ちながら、党綱領の示す日本改革の展望を大いに語り広げ、党の積極的支持者を大いに増やし、連続選挙での日本共産党の躍進をかちとろうではありませんか。

三、二つの外交問題——日本共産党の先駆性が際立つ

次に、この間、大きな焦点となっている二つの外交問題について報告します。

日ロ領土問題——戦後処理の不公正にメスを入れる立場でこそ道が開かれる

一つは、日ロ領土問題についてです。

安倍首相は、昨年11月、ロシアのプーチン大統領との会談で、「日ソ共同宣言を基礎に平和条約交渉を加速させる」ことで合意するとともに、自らの任期中に日ロ領土問題に「終止符を打つ」と繰り返しています。期限をくぎって「終止符を打つ」としているのです。安倍首相は、交渉にのぞむ方針をそれ以上説明していませんが、安倍首相の方針は明らかです。

日ロ領土交渉に関わってきた元外務省高官は、「安倍首相の方針を歯舞《はぼまい》、色丹《しこたん》の『2島先行返還』と見るむきがあるが『2島先行』ではない、『2島で決着』が首相の方針だ」と指摘しています。その通りだと思います。歯舞・色丹の2島返還だけで平和条約を締結して領土問題を終わりにしてしまい、国後《くなしり》・択捉《えとろふ》などそれ以上の領土要求を放棄する。安倍首相の方針は、そういうものにならざるをえません。

これは、歴代自民党政府の方針すら自己否定し、ロシア側の主張に全面屈服するものです。領土は安倍首相の私物ではありません。このような〝売国外交〟は絶対に許されるものではありません。

安倍首相は「70年間、領土問題が動かなかった」ことを強調しますが、日本政府は、国際的道理に立った領土交渉を、戦後ただの一回もやっていません。

日ロ領土問題の根本には、1945年のヤルタ協定で、ソ連のスターリンの求めに応じて米英ソが「千島列島の引き渡し」を取り決め、それに拘束されて51年のサンフランシスコ平和条約で日本政府が千島列島を放棄したという問題があります。これは「領土不拡大」という第2次世界大戦の戦後処理の大原則に背く不公正な取り決めでした。日本共産党が主張しているように、この不公正にメスを入れ、全千島の返還を正面から求める道理ある立場に立ってこそ、解決の道は開かれるのであります。

そのことは、いまプーチン大統領が「南クリルは、第2次世界大戦の結果、ロシア連邦に帰属しているのであり、そのことをまず認めるべきだ」と日本に迫っているもとで、いよいよ重要になっていることを、強調しておきたいと思います。

北東アジアの平和構築、朝鮮半島からの徴用工問題について

いま一つは、北東アジアの平和構築の問題に

ついてであります。

昨年行われた史上初の米朝首脳会談、3回にわたる南北首脳会談によって、朝鮮半島では戦争の危険が遠のき、平和への大転換が起こりました。

この間の米朝交渉には停滞も見られますが、年末・年始の動きで、米朝双方から第2回米朝首脳会談による事態打開の意思が示されたこと、南北双方から首脳間の往来を頻繁に行い平和プロセスを進展させる意思が示されたことは注目されます。米朝、南北が、困難をのりこえ、歴史的合意を具体化・履行することを強く求めます。

こうした新しい情勢の進展のもと、日本共産党の「北東アジア平和協力構想」は、この「構想」を提唱した第26回党大会から5年をへて、その今日的意義がいっそう浮き彫りになっています。そのさい、わが党の「構想」でものべたように、北東アジアに真の平和と友好の関係を築くためには、日本が過去の歴史問題に誠実な態度をとることが不可欠の土台となることを強調しなくてはなりません。

こうした立場から、わが党は、朝鮮半島からの徴用工問題について、第一に、この問題の本質は、植民地支配と結びついた人権侵害ということにあり、植民地支配への反省にたって被害者の名誉と尊厳が回復されるよう日韓がともに努力することが重要であること。第二に、そのさい、被害者個人の請求権が消滅していないという点では日韓両国政府は一致しており、この一致点を大切にして、前向きな解決が得られるよう日韓の冷静な話し合いが大切であることを表明してきました。

私は、この立場を、昨年12月14日、日韓議員連盟の一員として韓国・青瓦台（大統領府）で文在寅《ムンジェイン》大統領と会談したさいにも表明しましたが、そこでの話し合いを通じても、この方向にこそ解決にむけた道理ある道があることが明らかになったということを報告しておきたいと思います。

日本共産党は、過去の侵略戦争と植民地支配に命がけで反対を貫いた唯一の政党であります。そして本当の愛国者とは、自国の誤った歴史に正面から向き合い、その教訓を未来に生かすことのできる者だということが、私たちの確信であります。そうした立場に立って、アジア諸国との本当の友好の関係を築くために、引き続き知恵と力をつくす決意を表明するものです。

四、連続選挙をいかにたたかうか――「二つの構えを一体的に貫く」

次に、12年ぶりの連続選挙――統一地方選挙と参議院選挙をどういう構えでたたかうかについて報告します。

私は、「党旗びらき」で、5中総決定で確認した「二つの構えを一体的に貫く」ことを肝に銘じて奮闘することを訴えましたが、そのことの重要性を重ねて強調しておきたいと思います。

統一地方選挙――「きびしさ」を直視しつつ「チャンス」を攻勢的かつ手堅く生かす

第一は、目前に迫った統一地方選挙という関門をまず突破する――ここで日本共産党の前進・躍進をかちとることを前面にすえ、勝利にむけてやるべきことをやりぬくことであります。そのさい、次の二つの面を握ってたたかいます。

一つは、現有議席の確保自体が容易ならざる課題だということです。4年前の統一地方選挙は、2014年12月の総選挙でわが党が606万票、21議席に大躍進した直後のたたかいでした。今回は、17年10月の総選挙で獲得した440万票をベースにして850万票の目標に向けてどれだけ伸ばせるかのたたかいとなります。現有議席も既得の陣地ではないことを肝に銘じてたたかいたいと思います。現有議席を絶対確保すること、新たな空白議会をつくらないこと――この二つを最優先にすえるとともに、新たな議席増に攻勢的かつ手堅く挑戦する、こういう構えでたたかいにのぞみます。

いま一つは、前進・躍進のチャンスはあるということです。安倍政治に対するもっとも強烈な対決者として、市民と野党の共闘の一貫した推進者として、〝ブレない党〟に対する期待が広がっています。「オール与党」議会のもとでの共産党地方議員団のかけがえのない役割がきわだっています。県議空白を克服した議会では空気が一変しています。「党旗びらき」で紹介したように、総選挙後の中間地方選挙で、わが党は議席占有率を伸ばす健闘の結果を出しています。たたかいいかんで、わが党の「のびしろ」は全国どこでも存在します。

全国の同志のみなさん。「きびしさ」を直視しつつ、「チャンス」を攻勢的かつ手堅く生かす――こうした立場を揺るがず貫いて、統一地方選挙での前進・躍進を何としてもかちとろうではありませんか。

「比例を軸」に参院選躍進を一貫して追求――四つの「試金石」で自己検討を

第二は、「参議院選挙は統一地方選挙が終わってから」という「段階論」に絶対に陥ることなく、「比例を軸」にすえた参院選での躍進を一貫して追求することです。

私は、5中総の結語で、「『段階論』に陥らず、『比例が軸』にすわっているかどうかは、ただ言葉のうえで『比例を軸』ということを繰り返すだけではなく、実際の活動で試される」として、次の4点をいわば「試金石」として、たえず自己点検しながら選挙戦にとりくむことを訴えました。そのことにあらためて注意を向けていただきたいと思います。

一つは、「すべての支部・グループ、党機関で、得票目標を『850万票、15%以上』で一本化し、それを達成することをあらゆる党活動の軸にすえ、日常的・意識的な追求がなされているか」。各党が統一地方選挙を参院選の前哨戦に位置づけ、両者を一体に激しいとりくみを展開しているときに、わが党が、統一地方選挙を参議院選挙の比例の得票目標とは別の低い目標でたたかうというとりくみに陥っては、両方の選挙で勝利をのがすことになります。本気で「一本化」してたたかうことが重要であります。

二つは、「宣伝、対話・支持拡大、『集い』などの活動の中身が、日本共産党の綱領・歴史・理念などを丸ごと知っていただき、積極的支持者――『日本共産党だから支持する』という支持者を増やす活動になっているか」。積極的支持者を増やす活動を強めることは、前回総選挙のとりくみから引き出した重要な教訓であることを、銘記して頑張りたいと思います。

三つは、「参議院選挙を『前回時比3割増以上』の党勢でたたかうという目標を、本気の目標にすえて、正面から挑戦しているか」。

四つは、「選挙活動が、狭く統一地方選挙をたたかう党組織を中心とした活動でなく、すべての党組織の活動になっているか」。

これらの諸点を「試金石」として、たえず自らの活動の自己点検を行い、「比例を軸」にすえた参院選での躍進を一貫して追求してこそ、連続選挙での勝利をつかむことができます。このことをしっかり握って、奮闘する決意を固めあいたいと思います。

五、統一地方選挙の政治論戦について

次に統一地方選挙の政治論戦について報告します。

統一地方選挙の政治論戦では、国政論での党の値打ちを大きく語ることと一体に、地方政治における党の値打ちを押し出すことが重要になります。近く「政策アピール」を発表する予定ですが、いくつかの留意点をのべておきたいと思います。

国言いなりに福祉と暮らしを切り捨てるか、暮らしを守る「防波堤」になるか

第一は、地方政治における政治的争点の中心点についてであります。

全国の自治体が置かれている状態を見ますと、一方で、国が主導して、「住民福祉の機関」としての自治体の役割を破壊する悪政が押し付けられ、あらゆる分野で深刻な矛盾が噴き出しています。

国民健康保険の制度は、昨年4月から「都道府県単位化」に移行しましたが、国は、これを契機に一般会計から国保会計への繰り入れの解消を求め、多くの市町村で国保料（税）値上げが大問題になっています。

介護保険では、保険料の値上げ、要支援1、2の方の保険外し、利用料の引き上げ、介護施設の不足など、「保険あって介護なし」の矛盾がいよいよ広がっています。

子育てでは、「待機児ゼロ」は2020年度末まで3年間も目標達成を先送りし、「受け皿」拡大は基準緩和・詰め込み型が中心で、求められる認可保育所の建設が足りず、自治体の公的保育への責任放棄も起こり、「保育の質の低下」が重大な問題になっています。学童保育でも、資格をもつ指導員を2人以上から1人でも可能にする基準の引き下げを実施しようとしており、不安を広げています。

住民に身近で必要な公共施設――学校・保育所・公立病院・公営住宅などの統廃合・縮小、上下水道の広域化・民営化が計画されていることも重大であります。

他方で、大都市を中心にした、環状道路や国際戦略港湾、国際拠点空港の整備をはじめ、不要不急の大型開発・大規模事業が行われ、カジノ誘致合戦が過熱しています。企業誘致のための巨額の補助金バラマキも続けられています。

地方自治体が、国言いなりに福祉と暮らしを切り捨てるのか、それとも住民の暮らしを守る「防波堤」になるのか。ここに統一地方選挙の最大の争点があります。

「住民福祉の機関」としての自治体本来の役割を取り戻すために献身的に奮闘している日本共産党地方議員団の存在意義がきわだっていることに確信をもって、「この党をさらに大きく」と訴えていこうではありませんか。

要求実現の財源問題――自治体の基金＝「ため込み金」の活用も重視して

第二は、要求実現のための財源問題についてであります。

不要不急の大型事業や企業誘致のバラマキなど無駄遣いをやめれば、大きな財源が出てくる

ことは、これまでも訴えてきたことであります。

くわえて、近年、自治体の貯金である基金――「ため込み金」が増えています。２０１７年度の「ため込み金」は全国で23・８兆円と、07年度の13・９兆円から１・76倍にもなりました。このうち使い道が自由な財政調整基金だけでも７・５兆円で、10年前の４・２兆円の１・77倍になっています。基金について、総務省も「優先的に取り組むべき事業への活用を図る」ことを求めています。多くの自治体では、この基金を適切に活用すれば、住民要求は十分に実現できます。政策論戦を進めるさいに、このことも重視していただきたいと思います。

政党対決の構図――なぜ「自民・公明対日本共産党」という対決構図を打ち出すか

第三は、政党対決の構図の打ち出しについてであります。

５中総では、対決構図の基本を「自民・公明対日本共産党」にすえ、党の政策・実績・役割を押し出すことを提起しました。なぜこの対決構図を押し出すか。５中総の結語で討論を総括して詳しく解明しています。その内容を踏まえて、私は、次の３点を強調しておきたいと思います。

一つは、地方政治では多くの自治体でわが党をのぞく「オール与党」となっていますが、国政では、わが党は自治体では「オール与党」のなかにある国政野党とも共闘を追求しています。そういう状況のなかで、自民・公明と同列において国政野党を批判したら、共闘を真剣に追求するわが党の立場が誤解されることになりかねません。

二つは、有権者は、統一地方選挙で、地方政治の問題だけでなく、国政の問題を含めて政党選択を行うでしょう。そうしたもとで、「国政でも、地方政治でも、自民・公明の政治ときっぱり対決を貫いているのは日本共産党です」として、わが党の値打ちを押し出すことを基本にたたかうことが、すっきりした、説得力ある訴えとなり、参議院選挙の訴えにも無理なく発展させることができます。

三つは、ただし、「オール与党」の実態について、情報提供のような適切な形で、有権者に伝えることは必要であります。また、攻撃に対しては節度を持って反撃することは当然であります。

これらの諸点を正確にとらえてたたかいたいと思います。

大阪では、維新政治への審判も問われます。維新は、国政で、安倍政治の補完勢力としての姿をあらわにしています。大阪では、住民投票によって否決された大阪市つぶしの「大阪都構想」にしがみつき、自治破壊、福祉破壊、カジノ誘致、異常な管理・競争教育など、〝異質の悪政〟を押し付けています。「日本共産党躍進で、安倍政権退場、維新政治の転換を」と訴え、躍進を期して奮闘している大阪の党組織への連帯を心から訴えたいと思います。

日本共産党地方議員（団）の値打ち・実績に誇りをもち、広く訴えよう

第四は、日本共産党地方議員（団）の抜群の値打ちを大いに押し出してたたかうことであります。

日本共産党は、７８％を超える自治体に２７６２人（昨年末）の議員をもち、自民、公明についで第３党です。全国の草の根で、支部とともに、日夜、住民要求の実現のために献身するネットワークを築いていることは、わが党の誇りであります。

わが党の女性議員は、ちょうど１０００人で第１党であります。都道府県議では１４８人中80人、54・１％が女性です。党綱領に「男女の

平等、同権をあらゆる分野で擁護し、保障する」ことを明記した党ならではの姿が、ここに現れているということを強調したいと思います。なお、自民党地方議員の中での女性比率はわずかに5・4％、都道府県議では3・1％です。こうした政党に「女性の活躍」をいう資格があるのかが、厳しく問われていることも、言っておきたいと思います。

党議員団の実績を、さまざまな角度から光らせ、有権者に伝えていくことが重要であります。わが党議員団は、全国どこでも住民の声を議会に届け、住民とともに政治を動かす素晴らしい働きをしています。行政と議会を住民の立場でチェックする監視役としてなくてはならない存在となっています。安倍暴走政治に草の根から立ち向かう共同を、地方政治においても真剣に追求しています。「共産党の地方議員がいるといないとでは大違い」という角度から、空白克服の意味もわかりやすく伝えていきたいと思います。

日本共産党は、地方政治においても、住民要求にこたえた確固とした政策的立場をもち、政党対決の構図でも自公ときっぱり対決する揺るがぬ存在感をもち、全国どこでも住民とともに政治を動かす大きな実績をあげています。都道府県委員長、地区委員長のみなさんが、わが党議員団の値打ちに、ほれこみ、その豊かな値打ちをあますところなく住民に伝える先頭に立っていただくことを、私は、心から訴えるものです。私たちも同じ立場で、ともに奮闘する決意であります。

六、「統一地方選挙必勝作戦」をやり抜こう

次に、「統一地方選挙必勝作戦」について報告します。

1～2月に勝利に必要な土台をつくり、本番に向けて広げに広げよう

今回の統一地方選挙は、歴史的な参議院選挙の前哨戦としても特別の意義をもちます。それゆえに他党も、自民党が候補者の大量擁立をはかるなど、党派間のたたかいはかつてなく激烈なものとなっています。一昨年の総選挙では3分の1を超える人が期日前投票を行うなど、告示日以降は毎日が投票日となります。それらを考慮しますと、早い段階――とくにこの1月、2月に勝利に必要な土台をつくりあげ、本番に向けて広げに広げることが、統一地方選挙勝利のために絶対に必要となります。

そこで、「党旗びらき」で、「統一地方選挙必勝作戦」として、前半戦の告示日のおよそ1カ月前――3月1日までに、全党が次の二つの課題をやりきることを訴えました。

第一は、3月1日を「投票日」にみたてて、選挙戦の勝利に必要な草の根での宣伝・組織活動をやりきることです。すべての支部が得票目標を決め、その実現をめざし、要求にこたえた活動、声の宣伝やポスターなど大量宣伝、「集い」に大いにとりくみながら、支持拡大目標をやりきりましょう。すべての支部で後援会員を拡大し、単位後援会を確立し、ともにたたかう体制をつくりましょう。

第二は、党勢拡大では、参議院選挙を「前回比3割増」の党勢を築いてたたかうことを展望

し、その中間目標として、すべての都道府県、地区委員会、支部が、3月1日までに、党員、「しんぶん赤旗」日刊紙読者、日曜版読者で、前回参院選時を回復・突破することです。統一地方選挙をたたかう党組織は、前回統一地方選時を回復・突破することを目標に奮闘し、全党をリードする役割を果たしましょう。

率直な議論をぶつけあい、打って出るなかで確信をつかみ、掛け値なしにやりきろう

「統一地方選挙必勝作戦」は、全党に衝撃的にかつ積極的に受け止められ、いっせいにとりくみがスタートしています。

ある県からは、県の常任委員会・地区委員長合同会議で、「はたしてできるか」などの意見も出されたが、大議論のすえ、「できる、できないでなく、勝つために必要な作戦だ」、「自民党はもう2回も回ってきているのに、わが党が直前にならないと力が入らないというのではいけない」、「全支部に依拠してやりぬこう」となり、元気に足を踏み出しているという報告が寄せられました。そうした本音の議論を大いにやりながら、「必勝作戦」をやりぬきたいと思います。

「必勝作戦」をやりきるのは大仕事ですが、勝利のためにはどうしても必要不可欠な作戦であります。みんなで荷を分かてば、やりきる道が必ず開かれます。率直な議論をぶつけあって決意を固め、打って出るなかで、やりきる確信と展望をつかみ、勝利へのこの最初の関門を掛け値なしに突破することを、心から訴えるものであります。

七、いかにして勝利の道を切り開くか――地区委員長アンケートから学んだこと

次に、いかにして勝利の道を切り開くかについて、私たちが、地区委員長のみなさんのアンケートから学んだ内容を、のべたいと思います。

選挙戦のなかでこそ、法則的な党活動の探求・発展を

連続選挙に全支部、全党員が立ち上がっていくうえで、支部を直接指導・援助する地区委員会とその長の果たす役割は決定的に重要です。政党間の最も激しいたたかいが行われる選挙戦のなかでこそ、法則的な党活動を探求・発展させることが大切です。

そうした立場から、地区委員長のみなさんに、「生まれているすぐれた経験・教訓」「打開できずに困っている問題」の2点で、アンケートをお願いしました。全国315のすべての地区委員長からアンケートへの回答が寄せられました。アンケートでは、困難に直面して苦闘する姿が率直にのべられるとともに、困難を打開するカギがどこにあるかを教えてくれる豊かな内容が報告されています。

私は、感動をもってアンケートをすべて読みました。常任幹部会として大事だと受け止めたこと、学んだことを、順不同で、7点のべます。地区委員長のみなさんから寄せられたアンケートの紹介は報告されたままに行いますが、文体は「です、ます」調で統一させてもらったことを、ご了解いただきたいと思います。ぜひとも討論でさらに深めてほしいと思います。

地区委員長の構えが党組織の全体を励ましている

第一は、地区委員長の構えが党組織の全体を励ましているということです。

行政区ごとに大志とロマンある政治目標を決め、自覚的な力を引き出すイニシアチブを発揮することの重要性が報告されています。**神奈川・北部地区**の堀口望委員長は、「すべての党員が自覚的に目標達成に向かって活動できるよう、政治目標がみずからの目標になるように心がけてきました。座間市は『福祉の座間をとりもどす』、海老名市は『議会のすべての常任委員会に議員を配置する』、相模原市中央区は『比例目標を正面に次の選挙（２０２３年の選挙）では議席増と県議選をたたかえる党になる』など、行政区ごとに『この地域でどんな党になるのか』が議論され、『特別月間』では前回参院選時を回復・突破する力となりました」と報告しています。

高知・高知地区の金子協輔委員長は、「『比例を軸に県都決戦を勝ちぬき、新しい時代を高知から！』をスローガンに、定数15に4人の県議という日本一の政治目標をやりきる意義をみんなのものにしてきました」と報告しています。

支部と党員を信頼し学べば展望が開けるという経験が寄せられています。**神奈川・川崎中部地区**の佐川潤委員長は、会議の参加者が少なく沈みがちだった団地支部の支部会議が、支部員の要望にこたえて昼間の会議を開いたことで大きく変化した経験を報告し、次のようにのべています。「支部・党員から学べば展望が開けます。地区委員会の活動は時間がかかっても必ず切り開けます。苦しいときもあるがやりがいは多い。支部・党員の営みすべてが地区委員会の（活力の）源、そう考えるとどの支部・党員も可能性があるだけに展望が開けます。そうした努力のなかで、常任体制は強まり、各選対に複数の常任を配置することができました」

党の決定に対する真剣な姿勢を貫くことの重要性が報告されています。**北海道・旭川地区**の石田尚利委員長は、「3中総以降の活動を振り返り、私自身が感じていることは、当たり前ですが、やるべきことは、党大会決定に書いてあるということ。……やはり、二つの選挙で勝利・躍進をかちとるには、言い過ぎかもしれませんが、大会決定を黒くなるまで読み込み、決定を深く理解し、情勢を前向きに打開できる根拠を明確にし、地区内で共通の認識にし、全党員の力を引き出し、現場で実践を積み重ねる努力が大事だと感じています」と語っています。

「黒くなるまで読み込み」とは印象的な言葉です。党大会決定の提案者としては、「提案者冥利《みょうり》に尽きる」、うれしい言葉であります。

これらの報告は、地区委員長の構えが、党組織全体を励まし、自発的なエネルギーを引き出すうえで決定的に重要だということを教えているのではないでしょうか。

党員拡大を根幹にすえ、党員拡大を突破口にして困難を打開している

第二は、党員拡大を根幹にすえ、党員拡大を突破口にして困難を打開していることです。

北海道・苫小牧地区の西敏彦委員長は、次の報告を寄せています。「党大会決定を〝どこから具体化するのか〟の議論を重ね、党員拡大を根幹にすえて一貫して追求することを確認しました。党大会以降『集い』を推進軸に１１７名の党員を迎えています。特に困難支部を絶対に放置しないことが選挙戦では大事と位置づけ、ここでの党員拡大に力を尽くしてきました。ある支部は支部会議開催も月1回がやっと、人間関係でモメごとが多く、支部長は『もうやっていけないから支部長もやめるし、配達・集金もしない』と訴えてきました。支部存続をどうするかを常任委員会で議論し、『核になる新しい

党員を増やす』ことで合意し、地域に繰り返し入りました。そういうなかで、町内会役員、サークル活動のリーダー的存在の女性の入党がきっかけで連続して8名が入党しました。7月の市議補選では、それぞれの結びつきで支持を広げ、これまでの支部の支持拡大を大きく上回る300を確認。今では支部長も〝元のさや〟に戻り、配達・集金も平常に戻りました」

同様の報告は、全国各地から寄せられています。

私は、「党旗びらき」で**広島・東部地区**の上下支部の経験を紹介しました。昨年の「特別月間」から12月末までに30人の党員を増やし、現勢39人の支部へと躍進し、今年1月3日から待望の日刊紙の配達が始まったという経験であります。

上下支部のとりくみに対して、全国からたくさんの共感の声が寄せられ、「わが支部でもできる」「足を踏み出そう」という意欲が語られています。「『1人の入党で、つながりは何倍にもなる』との考え方は大切と思う」、「入党した30人のほとんどが読者と聞いて、私の支部にも読者はたくさんいる。もう一度足を運んで読者を訪ねていこうと思った」、「3日から、日刊紙配達体制が整った話は、すべての支部に活力を与える力になると思う」、「全員の誕生日を張り出し、みんなで祝うということに感銘を受けた。わが支部もみんなの心を集めたい」などの共感の声がたくさん寄せられています。

上下支部では、「必勝作戦」の提起を受けて、支部長の同志が、「1支部平均で、1人の党員、1人の日刊紙読者、5人の日曜版読者ならすぐにやれる」と先頭に立って足を踏み出し、新年に入ってすでに3人の党員、1人の日刊紙読者、6人の日曜版読者を新たに増やしているとのうれしい報告が寄せられていることも、お伝えしておきたいと思います。

困難を打開する突破口は党員拡大――この立場を選挙戦の中でも太く貫き、党を根幹から強く大きくしながら、歴史的な連続選挙を勝ちぬこうではありませんか。

地区役員の指導力量を高める努力を払っている

第三は、地区役員の指導力量を高める努力を払っていることです。

正規の党機関の会議を系統的に行い、指導の質を高めている教訓が報告されています。**東京・中野地区**の亀井清委員長は、「地区委員会総会をかならず毎月、第1日曜日に固定して開催する努力を続けてきました。定例化によって出席率も上がっています。また科学的社会主義の集団学習も続けています。翌月曜日は、2回（午後2時と午後7時から）支部長会議を開催します。こちらも出席率が上がり、方針の徹底が進んでいます」という報告を寄せています。

地区常任委員会、非常勤も含む地区委員のチームワークの発揮で地区委員が成長し、指導力量を高めている経験が報告されています。**石川・金沢地区**の南章治委員長は、次のような報告を寄せています。「女性も含めた3人の非常勤常任委員に加わってもらい、地区委員もこれまで経験のない方にもお願いして入ってもらいました。市議・候補者を含め市内4ブロックで指導体制をとり、その責任者を常任委員が担当。東ブロックでは、地区委員で関係地域のすべての支部を分担、新しい地区委員も含め支部指導（1人の地区委員で2～3支部）にあたるようになり、地区委員が成長し、支部に寄り添って活動するスタイルができました。決定の討議・読了が大きく前進し、『特別月間』では8割の支部の成果で地区全体をけん引しました」

「綱領で党をつくる」という立場で、学習を一貫して重視しているとりくみが報告されています。**京都・南地区**の河合秀和委員長は、「地区党学校（地区教室、出前教室、青年教室、分野教室）を27回開催し、のべ170人を超える参加がありました。『一向に政治が変わる展望がもてずにいた。今の話でもう一度頑張りたいと思った』『日本はアメリカの奴隷や、ひどすぎる』などの感想が出されています。年齢、党歴のいかんにかかわらず、党員の心に灯をともすのが党綱領です。さしあたり2～3割の党員の受講をめざして努力しています」という報告を寄せています。

選挙の中でこそ、地区役員の指導力量を高める努力を行い、「学びつつたたかい、たたかいつつ学ぶ」という立場を貫いてこそ、支部と党員の心に灯をともす指導・援助が強まり、全支部・全党員を自発的・自覚的にたちあがらせることができます。そのための努力を大いに強めようではありませんか。

「楽しく元気の出る支部会議」を軸にした「支部が主役」の活動の探求・開拓

第四に、「楽しく元気の出る支部会議」を軸にした「支部が主役」の活動の新たな探求・開拓が報告されています。

「楽しく元気の出る支部会議」への努力は、多くの地区から報告されています。**大阪・木津川南地区**の能勢みどり委員長からの報告は、迎えた後に多くの党員を成長させられなかった反省に立ち、新たな探求と開拓を語っており、多くの教訓にみちています。次に紹介します。

「党建設の根幹である党員拡大に積極的にとりくみ、かつてなく入党を働きかける支部が広がりつつあります。勇気を出して『入党よびかけパンフ』を届けるなかで対象者との信頼関係が深まってきています。2月以降、65支部・76％が377人に入党を呼びかけ、そのうち入党者は、29支部・34％、47人となっています。5中総後は候補者が先頭に立って『選挙型の党勢拡大』に挑戦し、訪問活動のなかに党勢拡大の独自追求を位置づけるなかで、入党呼びかけに挑戦する党員・支部がさらに広がり、『選挙のなかでも党員・読者は増やせる』が地区党組織の確信になっています」

「『楽しく元気の出る支部会議』や全党員参加の支部活動、党勢拡大の持続的前進をかちとるためには、新入党員を迎え支部を活性化させることと一体に支部指導部づくりが決定的であることも分かってきました。現在、地区内には約180人の支部委員がいますが、支部指導部があっても機能していない支部が少なくありません。支部指導部づくりの強化をはかりながら、10人以下の支部でも指導部を複数選出し、30人以上の支部は5人以上を目標に連絡・連帯網を強めていく必要があります」

新入党員を迎え支部を活性化させることと、支部指導部をしっかりと機能するようにすることを一体にとりくむことで、「楽しく元気の出る支部会議」を軸にした全党員参加の党活動の新たな境地を開いているこの経験は、多くの学ぶべきものがあると思います。

要求実現のたたかいと、党建設・党勢拡大を一体にすすめる「車の両輪」の活動が、党に新鮮な活力をもたらし、選挙勝利、党勢拡大の大きな力になっていることが、全国各地から報告されています。国政問題とともに地域の問題にとりくみ、要求を実現したことが、党員に喜びと確信をあたえ、見違えるような力を発揮する経験が生まれています。

広島・西部地区の坂村由紀夫委員長は、次のような報告を寄せています。

「『車の両輪』の活動を位置づけ、支部が要求実現の活動にとりくんでこそ、自覚的で元気な活動ができると考え努力してきました。……憲法、岩国基地問題では、党員が積極的役割を果たし幅広い人との共同の経験をつくりだしています。地域要求実現のとりくみでは、支部が『保育園民営化反対』や『ごみ有料化反対』『こども医療費無料化』などの運動にとりくんできました。どの運動も党外の人の参加が広がり、若い層を含む幅広い人たちとの結びつきが生まれています。運動の広がり、市民の生の声にふれるなかで、支部や党員が激励され自発的な活動が広がりました。数は少ないが読者も増えました。党大会後、青年2人を含む3人を党に迎えたM支部は、不定期だった支部会議を定例化し、学習を位置づけるなかで結集が広がり、元気に活動しています」

選挙の中でこそ、「楽しく元気の出る支部会議」を軸に「支部が主役」の活動を発展させるという党大会決定の大方針を全党に定着させ、全支部・全党員の参加する壮大な選挙戦にしていこうではありませんか。

労働者、青年・学生の中での新しい前進の可能性に働きかけている

第五は、労働者、青年・学生のなかでの新しい前進の可能性に働きかけていることです。

広大な労働者、青年・学生のなかでの活動を強めることは、「世代的継承」というわが党の未来を見据えた大方針の実践であるとともに、直面する連続選挙で日本共産党躍進をかちとるうえでも重要となっています。

中央が主催した「２０１８年職場問題学習・交流講座」を力に、職場支部の活動強化の手がかりをつかんだという報告が、全国各地から寄せられています。職場支部の支部長会議を分野別に開催したことが支部活動の強化につながった経験が報告されています。職場支部を担当する地区委員会議を系統的に行い、支部や労働者がおかれている現状を出し合ってきたことが、教職員支部を担当する同志から「自分はこうした場を待っていた。地区委員のチームワークが大事」と歓迎されているという経験が報告されています。生まれている前進の流れ、発展の芽を大切にし、選挙戦のなかでも絶対に中断せず、大きく育てていくようにしたいと思います。

若い世代のなかでの活動は、東京から学生のなかでの民青同盟づくりが前進したことが報告されていますが、地方からも、党と民青が空白だったところから出発し、系統的な努力で民青学生班をつくり、学生党支部を再建した次のような経験が報告されました。**東北地方のある地区委員長**の報告を紹介します。

「地区党が抱えるあらゆる問題の解決のためには『党員を増やすしかない』と決意し２０１６年に、機関、議員、支部から同志を集めて『青年学生委員会』を結成。地区委員長を責任者として毎月欠かさず開催してきました。とりわけ地区内にある三つの大学（いずれも民青、党ともに空白）に班と支部を結成することをめざし、あらゆる結びつきをたどって学生との結びつきを広げてきました。２０１７年8月に3人目の同盟員を迎えて班を再建してからは、『毎週の班会を成功させる』ことに力をつくし、学生の要望や疑問を徹底して聞き、即実践に移し、新歓企画や被災地フィールドワークなど一つひとつのとりくみを成功させてきました。その中で、学生同盟員自身が民青の魅力を実感し、友人を次々に班会に誘い、体験型で民青の魅力を実感して２０１８年には11名の同盟員を迎えています。民青の活動と自分の生き方を重ね合わせて確信をもった学生同盟員から4名の新入党員を迎え、12年9カ月ぶりに学生支部を再建しました」

民青も党も空白だった大学に、民青班をつくり党支部をつくった。集団の力で系統的にとりくめば道が開けることを示す、素晴らしい経験ではないでしょうか。

今度の統一地方選挙は、18歳選挙権が施行されたもとで初めての統一地方選挙となります。統一地方選挙は学生新歓と重なりますが、学生はすべて有権者となります。ですから、選挙と新歓は対立するものではありません。新歓に思い切ってとりくむことが、選挙にも、党づくり

にも、大きな力となります。

若い世代のなかで党はいわば「白紙」の状態であり、マイナス・イメージも他の世代より少ないのが特徴です。若い世代は、平和と民主主義への強い関心と願いをもつとともに、格差と貧困の広がり、学費・奨学金・雇用などの悩みは切実であり、双方向のとりくみで、党への支持が急速に広がる可能性があります。

選挙のなかでこそ、広大な労働者のなかでのとりくみ、青年・学生のなかでのとりくみを思い切って強め、党の新しい支持を開拓するとともに、「世代的継承」のとりくみを前進させようではありませんか。

体制強化のため、潜在的な力の総結集に本気でとりくんでいる

第六は、連続選挙をたたかう体制強化のため、潜在的な力の総結集に本気でとりくんでいることであります。

地区委員長のみなさんが直面している最大の悩みが、選挙をたたかう臨戦態勢の確立の問題であることは、たくさんの報告で共通していります。いかにして県・地区機関の指導体制を維持しながら、統一選対と個別選対の体制確立をはかるか。党のあらゆる潜在的力の結集と、集団の力・チームワークの発揮が求められています。本気のとりくみで困難を打開し、たたかう体制をつくりあげていった次のような経験に学びたいと思います。

神奈川・湘南地区の岡崎裕委員長は、「『機関の指導体制を維持』という点で、文字通り党のもつあらゆる潜在的な力を総結集するという点で、職場支部と地区直属から60名の党員の名簿をつくり、中断が許されない専門部の補強と統一選対・個別選対の体制確立へ議論し、具体的に要請を開始しています」と報告しています。その後のとりくみで、自治体職場の党員が体制の弱い居住地での後援会役員を引き受けてくれた、大和市の市議選対に教員支部の退職教員が協力してくれた、職場支部の同志が地区機関紙部の実務を引き受けてくれたなどの体制強化が前進しているとのことです。

千葉・南部地区の篠崎典之委員長は、議員兼務の地区委員長ですが、次のように地区委員会の体制の強化をはかってきた経験を報告しています。

「『非常勤を含む地区委員会のチームワーク』の発揮へ、生協で組織活動を行ってきた同志が地区の事務局長の役割を発揮し、小さい地区ながら常任委員11人の体制を構築し、集団指導と個人責任が進んできていて、市議と地区委員長の活動も支えてもらっています。機関紙、教育、財政、選挙対策、青年学生など各部の日常活動が独立して機能し、全常任委員が主体的に活動するようになってきました」

選挙をたたかう体制の確立は、一番の悩みの一つだと思いますが、解決の道は党のあらゆる潜在的な力を結集するしかありません。そして、わが党はいま、職場を退職した力ある同志を、かつてないほどたくさんもっています。党のもつ潜在的な力を総結集すれば、選挙をたたかう体制を立派につくりあげることができることとは、進んだ経験が教えていると思います。そうした立場で、困難を打開することを心から訴えるとともに、全国の経験をさらに交流することを呼びかけるものです。

財政的基盤を強めながら、選挙をたたかう努力を強める

第七は、財政的基盤を強めながら、選挙をたたかう努力を強めることです。

歴史的な選挙戦をたたかうために財政活動の強化に攻勢的にとりくみたいと思います。地区委員長のみなさんからのアンケートも踏まえ、次の3点を強調します。

第一に、財政活動の根幹である党費と、地区

財政にとっても最大の財源である機関紙誌代の集金を位置づけ、独自に追求できる体制を確立・堅持して奮闘することが決定的に重要です。地区委員長のアンケートでも、「党費納入を高める努力を強め、2年前は60％台から現在は80％台に前進してきました」などの努力が報告されています。

第二は、募金に思い切って広くとりくむことです。**神奈川・川崎北部地区**の岡田政彦委員長からは、候補者活動を支える募金1600万円と選挙募金の二つで、2600万円をこえるかつてない募金を集めた経験が報告されています。**東京・北多摩東部地区**の鈴木文夫委員長からは、特別募金にとりくむなど努力し、専従2人体制から5人体制に前進させている経験が報告されています。募金成功のカギは、募金の目的を明確にすること、大口募金も訴えつつ支部が募金目標をもち達成するための自覚的活動を広げること、党内だけでなく読者・支持者に広く大胆に訴えること――この三つを堅持して奮闘することにあります。

第三に、選挙作戦に即した積極的な予算を立て、財源を保障し、赤字を出さないことも重要であります。

企業・団体献金、政党助成金に頼らず、草の根で国民に依拠して財政活動を進める日本共産党の姿に誇りと確信をもち、財政的基盤を強めながら連続選挙をたたかいぬこうではありませんか。

苦労は多いがやりがいも大きい仕事への誇りをもち、連続選挙勝利の先頭に

以上、7点について、私たちが地区委員長のみなさんのアンケートから学んだ内容を報告しました。この7点のすべてについて一挙に実践することは困難でも、そのなかから一つでも、二つでもヒントをつかみ、直面する連続選挙に勝利するとりくみに生かしていただくことを、私は、願ってやみません。一つでも二つでもヒントをつかみ、新しい突破口を開けば、そこからまた新しい展望が生まれてくるのではないでしょうか。また、この会議での討論を通じて、困難を打開するうえでの経験と教訓をさらに豊かに交流していただくことを心から訴えるものです。

私は、アンケートを昨年の年末から今年のお正月も繰り返し読みまして、地区委員長のみなさんが、山のような苦労・困難と格闘しながら、不屈に奮闘していることに胸が熱くなりました。

同時に、神奈川・川崎中部の佐川地区委員長がのべたように、地区委員長の仕事が、「苦しいときもあるがやりがいが多い」仕事であることも、多くのアンケートから実感をもって読み取ることができました。

全国の同志のみなさん。日本の命運を分ける連続選挙――統一地方選挙と参議院選挙で何としても連続勝利をかちとろうではありませんか。

都道府県委員長・地区委員長のみなさんが、支部のみなさんと心を通わせ、苦労は多いがやりがいも大きい仕事への誇りをもち、連続選挙勝利の先頭に立って奮闘することを呼びかけるとともに、私たちも心一つにたたかいぬく決意をのべて報告といたします。

（「しんぶん赤旗」2019年1月17日付）

全国都道府県・地区委員長会議

志位委員長のまとめ

2日間の会議、おつかれさまでした。

私は、常任幹部会を代表して、討論のまとめを行います。

歴史的な連続選挙を勝ち抜く決意が語られた

2日間の討論で、57人の同志が発言しました。全体として、きわめて豊かで充実した討論になったと思います。

全国では、リアルタイムで1万2948人が視聴しました。340通の感想文が寄せられています。感想文では、統一地方選挙と参議院選挙の連続選挙の歴史的意義をとらえ、必勝への熱い決意があふれるように語られています。

2日間の討論では、報告を正面から受け止め、連続選挙を勝ち抜く決意が語られました。とくに地区委員長のみなさんが、それぞれの地域で直接責任を負っている政治戦に勝ち抜くための指導的イニシアチブを発揮する決意を語ったことは、たいへんに重要であります。この会議は、みなさんの奮闘で、大きな成果を挙げたということができると思います。

法則的な党活動で、選挙に勝つとともに、選挙を通じて強く大きな党を

この会議は、「『支部が主役』の党づくりを学びあう『組織活動の全国交流会』」としても位置づけましたが、この点でも、報告をふまえてたいへんに豊かな経験交流が行われました。

「選挙のなかでこそ法則的な党活動を」という立場で、創造的な探求・開拓を行っているたくさんの発言がされました。この点でも、この会議は豊かな成果をおさめたと思います。発言は、そのすべてを大急ぎで「記録集」としてまとめて、全党のみなさんが活用できるようにしたいと思います。

私は、報告で、地区委員長のアンケートから学んだこととして、七つの点をのべましたが、それを受けて発言では、大いにその内容を生かしていこうという決意や抱負が語られました。

神奈川県川崎中部地区の佐川委員長は、「この（報告での）提起は七つ全部ではなく、一つでも、二つでもヒントをつかむことが大事で、わが地区の法則的な探求・発展をつくる、オリジナリティーある地区委員会をつくることだと受け止めました。川崎中部は支部にでかけて学び、知恵と力をつくすリーダーシップということを探求してきましたが、今回の報告や発言をヒントにして、全面的にオリジナリティーをつくっていきたい。考えただけでも楽しくなります」と発言しました。

埼玉県西南地区の辻委員長は、報告で1番目にのべた「地区委員長の構えが党組織の全体を励ます」という点にしぼって、これまで努力してきた内容を語りました。「これまでは支部から見ると地区委員会はまだまだ『上にある存在』という受け止めもありました。私たち地区機関は、課題を押し付けに行くわけではなく、一緒に困難に立ち向かい打開の糸口を見いだすため、一緒に綱領を実現するために行くようにしています。とにかく現場に足を運び、『支部や支部長と同じ目線で同じ方向を向いて一緒にたたかうんだ』という構えを見せることが大事だと考え、時間を惜しまず現場に行く努力を続けてきました。そうした活動の中で『特別月間』では52人の新入党員を迎え、読者拡大でも11月、12月と日刊紙、日曜版とも前進できました。『必勝作戦』の提起も非常に前向きに受け止められるようになってきています。この間の努力で感じているのは、報告でのべられた地区委員長の構えが党組織の全体を励ましているということです。そういう構えが全地区に伝わり、全地区が意気に感じているということです」

報告では、地区委員長のアンケートから私たちが学んだこととして7点をのべたわけですが、報告でも強調したように、そのなかから一つでも二つでもヒントをつかみ、実践に踏み出すことが大事だと思います。一つでも二つでも実践に踏み出し、新しい突破口を開けば、次の発展の新しい展望が開けてくる。党の活動は、そうしたダイナミックな発展の仕方をするのではないでしょうか。山登りと同じでありまして、一つの峰を登れば、さらにその先にもっと高い峰が見えてくる、そういうふうに発展していくものだと、私は思います。

そして「オリジナリティーある地区委員会をつくっていきたい」という発言がありましたが、３１５の地区委員会、３１５の地区委員長には、それぞれ個性があって当然です。３１５あれば３１５通りの「オリジナリティー」があって当然です。

今回の会議の成果を生かし、選挙のなかでこそ法則的な党活動を探求・発展させ、選挙に必ず勝つとともに、選挙を通じて強く大きな党をつくる。そして次のたたかいでさらに大きな成功をおさめる。そういう大きな志をもって頑張りぬこうではありませんか。

安倍政治の矛盾と破たんの焦点をつかみ、攻めに攻める論戦とたたかいを

情勢をどうつかみ、どう活動するかについても討論で深められました。

報告では、安倍政治が、あらゆる問題で深刻な矛盾が噴き出し、破たんに陥っているとのべました。とくに「矛盾と破たんの焦点をしっかりつかもう」ということを強調しました。たとえば消費税増税について言えば、「こんな経済情勢のもとで増税していいのか」――ここが矛盾の最大の集中点となっている。あらゆる問題で、そういう矛盾と破たんの焦点をしっかりつかんで、攻めに攻める論戦とたたかいに取り組むことが重要だと訴えました。

こうした安倍政治の矛盾と破たんが深刻な形であらわれていることが、討論でも報告されました。

京都の渡辺府委員長は、「5中総は安倍政治の大破たんを強調したが、あれからわずか3カ月で大破たんがいっそう進行しています。消費税の問題では、増税反対の1万人アピール運動を展開しています。協同組合、業界団体、学者など広く共同が発展しています。藤井聡京大教授が『京都民報』のインタビューに応じてくれ、『10月の消費税増税は法律で決まっていることですが、中止となる可能性はもちろんあります。デフレ不況の中で消費税を増税することは日本経済に破壊的なダメージを与えることは確実です』と語っています。あきらかに消費税問題は、報告で言われたように『火だるま』状態です。攻めに攻めていきたい」と発言しました。

青森県三八地区の松橋委員長は、「八戸市と商工会議所主催で1000人が集まった新年賀詞交歓会で商工会議所の会頭が冒頭に『消費税10%は困る』と主催者あいさつをしました。昨年の11月の漁業法改定については、漁協の組合長を訪問すると、組合長は1時間以上も熱弁をふるい、『突然の漁業法の改正は許されない。自分は選挙で選ばれた海の県会議員である海区調整委員だ』と、何の相談もなく法律が強行されたことに怒り心頭でした」と報告しました。香川県東部地区の田辺委員長は「漁業法改悪に対して、漁協のみなさんの激しい怒りがわきおこり、新しい共同の運動が始まりつつある」ことを語りました。地方では、消費税増税にくわえて、漁業、農業にかかわる悪法強行への怒りも広がっていることが語られました。

沖縄の赤嶺県委員長・衆議院議員は、「辺野古への土砂投入は属国日本の醜い姿に対する怒りに火をつけました。沖縄県民の予想を超えて全国に怒りが広がっています。ここまでの変化を私も予想していませんでした」とのべました。百戦錬磨の赤嶺さんであっても、予想していなかったようなスピードで県民の怒りが全国に広がり、世界に広がっている。ここでも安倍政権は大きな政治的な破たんに陥っているわけであります。

こうした安倍政治の矛盾と破たんの一番の焦点――ここをしっかりつかんで、そこを攻めに攻める論戦とたたかいに取り組み、統一地方選挙と参議院選挙を「安倍政治サヨナラ選挙」にしていこうではありませんか。

安倍政治への批判とともに、私たちの改革の展望を語り、希望を語ろう

そのさい、討論を聞いていて大切だと思ったことは――これは報告でも強調したことですが――、どんな問題でも、党綱領にもとづく私たちの改革の展望を語り、希望を語ることが重要だということです。

長野県諏訪・塩尻・木曽地区の上田委員長の次の発言は、たいへんに重要だと思って聞きました。

「どこでも安倍政治がひどいという怒りがあります。『しかし野党は本当にまとまれるのか』、『政権をとっても民主党のようなことになりはしないか』、『政権を任せることができるのか』という迷いが有権者のなかには根強くあります。安倍政権の批判だけでは党の支持は広がりません。今どうしたらこの政治を変えられるのか、どういう政治をつくるのかの希望と展望を有権者に語ることができるか、届けることができるか、これがカギだと感じています。一人ひとりの党員が、安倍政権を倒すための声をあげ、綱領が示す新しい政治の姿、その政治をつくる楽しさを生き生きと語り、行動できるようにすることが、地区委員長としての最大の任務だと感じています」

これはとても大事な観点であります。

日本共産党ほど、安倍政治を倒した後の日本をどうするのか、日本の新しい政治の姿を全面的に示している党はありません。わが党は、緊急の課題への対応として、5中総決定で「平和のための五つの緊急提案」、「暮らし第一で経済を立て直す五つの改革」という太い政策的方向を明らかにしています。「北東アジア平和協力構想」、日ロ領土問題の解決の方策、徴用工問題の公正な解決の道など、外交問題でも抜群の政策的な先駆性を発揮しています。そして「異常なアメリカいいなり」「財界・大企業中心」というゆがみをただす国政の抜本的な民主的改革の方策を綱領であきらかにしている党が日本共産党であります。

展望と希望を、生きいきと、豊かに語るうえで、中央としてさらに努力していきたいと決意しています。安倍政治への最もきびしい批判とともに日本共産党ならではの展望と希望を大いに語り広げる、そういう選挙にしていこうではありませんか。

「必勝作戦」の成功を（1）――全支部・全党員の運動にしていくことは可能

私たちが直面する最大の課題は、「統一地方選挙必勝作戦」を何としても成功させ、1、2月に党の躍進の流れをつくりだして、統一地方選挙で必ず前進・躍進を勝ち取る。ここにあります。すべての同志が、発言のなかで「必勝作戦」を成功させる強い決意を語りました。私は、討論を聞いて、大切だと考えたことを、3点ほどのべたいと思います。

第一は、「必勝作戦」を成功させる最大の保障は、この運動を全支部・全党員の運動にしていくことにありますが、そういう運動にしていくことが可能だということが、討論を通じて浮き彫りになったということです。

すなわち、連続選挙の歴史的意義を語り、こ

の選挙に本気で勝とうとすれば、まずは「必勝作戦」をどうしても成功させなければならないことを、正面から訴えるならば、支部と党員は必ずこたえてくれる。ここに確信をもって、目標をやり抜くことに挑戦したいと思います。

埼玉県中部地区の山本委員長の発言はたいへん印象的でした。

「1月初めの上尾市の支部長会議では、新年初めての支部長会議なので、『新年の抱負など、全員発言にしよう』と提起したのですが、支部長の方から、『本当に地区は県議選で勝とうと思っているのか?』、『党旗びらきの提起は、統一地方選という目前に迫った関門をまず突破する、勝利に向けてやるべきことをやり抜くということではないのか?』、『対話・支持拡大など、遅れている支部をそのままにしていいのか?』、『本番になってから本格化するという従来の状況を変えようと言っている。上尾の現状もそうなっているのではないか?』などと言われました。まさに、機関の構えの問題を、支部長から提起されました。大いに反省し、対話・支持拡大への援助をどうするか、担当地区役員との相談が始まっています」

こういう率直な報告でした。支部は、何としても勝たなければならない、いてもたってもいられないという思いになっている、地区がそれにしっかりこたえなければという発言だったと思います。

神奈川県北部地区の堀口委員長は次のように語りました。

「党旗びらきのあいさつで『必勝作戦』が提起され、地区委員会総会で議論しました。情勢論議はあんなに活発だったのに、『必勝作戦』の議論では、水を打ったようにシーンとなりました。ただ、議論を重ねるうちに、『年末の行動は多くの支部が頑張った。ただ、まだまだ一部の党員の活動になっているのが実態だ』、『対話をすれば相手から噴き出すように言葉が返ってくる』、『やっぱり党員を増やすことが重要だ』と議論を重ね、『何としてもこの目標をやり切って、再選を勝ち取る』、この決意がみなぎりました」

統一地方選挙と参議院選挙に何としても勝ちたい——都道府県、地区委員会の同志も、支部の同志も、そう願わない同志はいないと思います。ですから、私たちがここに信頼をおいて、報告で強調した連続選挙の歴史的意義——新しい軍国主義とファシズムへの歴史逆行を許さず、〝安倍政治サヨナラ選挙〟にしていくこと——を大いに語り、「必勝作戦」を思い切って提起すれば、必ずこたえてくれる。全支部・全党員の運動にしていく道が開かれてくる。ここに確信をもって頑張りぬこうではありませんか。

「必勝作戦」の成功を(2)——「集い」を活動の推進軸にすえよう

第二は、「綱領を語り、日本の未来を語り合う集い」を、「必勝作戦」成功のうえでも、推進軸にしていこうということです。

私たちは、5中総決定で、「集い」を、「選挙活動、党活動全体を発展させる推進軸」と位置づけ、「日本列島の津々浦々で開こう」ということを確認したわけですが、「必勝作戦」を成功させるうえでも、「集い」を、支部を基礎に、全国で網の目のように開くことを、推進軸にすえたいと思います。

私は、討論を聞いておりまして、「集い」の持つ大きな威力が三つの点で浮き彫りになったと思います。一つは、積極的支持者を増やす。二つ目は、選挙の担い手を増やす。三つ目は、党員を増やす。こういう運動であることが、討論を通じて浮き彫りになったと思います。

積極的支持者を増やす

一つ目の「積極的支持者を増やす」ということは、多くの発言からそれが裏付けられましたけれども、三重県南部地区の谷中委員長の発言は、とても大事なことをのべたと思います。

「南勢支部は得票目標20％が町議選では獲得できるのに、国政の比例選挙で半分しか入らない状況を話しあいました。昨年11月から毎週1回土曜日に、18ある全集落で『集い』を開くことを決め、昨日までに約半分の集落で『集い』に取り組み、3月中に全集落での『集い』と全戸訪問を終える計画です。『集い』では、『共産党が政権を取ったら天皇制はどうするのか』、『資本主義をやめるのか』、『自衛隊はどうするのか』など、たくさんの質問が出され、いつも時間オーバーとなり、夜の11時半まで続いた時もありました。『共産党って怖い党やなかったんやな』と言われ、こちらもびっくりすることもありました。支部では、『なぜ比例票が（町議選の）半分しか入らなかったのか、「集い」に取り組んでよくわかった』という声が寄せられています」

この発言の最後の部分がとても大事です。町議選では投票してくれるような方であっても、政党を丸ごと選ぶ比例代表選挙になりますとなかなか投票には至らなかった。その理由は、いろいろあると思いますが、「集い」で疑問として出されたようなさまざまな問題――天皇制の問題、資本主義・社会主義の問題、自衛隊の問題、「怖い党ではないか」という問題、そういう問題が引っかかっていて、「共産党だから支持する」という積極的支持者にするうえで、まだ課題が残されていた。そういうことが「集い」に取り組んでみてわかったという話でした。逆に言えば、「集い」に取り組めば、そういう疑問が一つひとつ解決され、積極的支持者がどんどん広がるということを示していると思います。

選挙の担い手を増やす

第2点は、「選挙の担い手を増やす」。大阪府木津川南地区の能勢委員長の発言は、そこに一つの焦点をあてた発言だったと思います。

「地区委員会総会で、『必勝作戦』の意思統一を朝から夕方まで時間をかけて行いました。勝利のための担い手づくり、自力づくりに正面から取り組むことを突っ込んで議論しました。この1年間、『集い』革命を起こそうと、支部主催の『集い』の開催と入党呼びかけに挑戦する支部、党員を広げることにこだわってきました。『集い』はこの1年間で77％の支部が取り組むところまで発展し、有権者の中に積極的支持者を増やしながら確実に結びつきを深める力になっています。いま真剣に、気軽に入党を呼びかける流れが生まれつつあります。入党呼びかけ運動は、選挙の担い手づくりそのものです。入党を呼びかける中で私たちの熱意が相手に伝わり、相手をよく知り、前向きな思いを引きだせるからです。確実に信頼関係が深まります」

「『集い』革命」――「集い」にどんどん取り組み、そのなかで真剣に気軽に入党の呼びかけを行う、そういう中で選挙の担い手を増やし、党員を増やす。これをひとつながりの流れ――ひとつながりの運動として、木津川南地区では取り組まれている姿が語られたのではないかと思います。

党員を増やす

第3点は、「党員を増やす」運動だということです。いまの木津川南地区の取り組みもそうですが、北海道苫小牧地区の西委員長の発言も、「集い」を通じて党員拡大をすすめた経験を語ったものでした。

「得票目標の実現のために、党員拡大を根幹とした党勢拡大で前進を勝ち取ろうとなりました。そのための推進軸は『集い』だということです。東京都議選の応援に行った市議が、非常に燃えて帰ってきました。先頭に立ち、支部とともに『集い』をどんどん開いていきました。一気に11人の入党者を迎えることになりました。この先進的な経験に学ぼうと、次つぎと『集い』で入党者が相次ぎ、7月の1カ月で30人が入党しました。この勢いは２０１８年に入っても続き、49人の入党者を迎え、7月の市議補欠選挙で大きな力を発揮することになりました」

党勢拡大の根幹である党員を増やす。そのためには、いろいろな取り組みを多角的・総合的にやっていく必要があると思いますが、「集い」が党員を増やすうえでも大きな威力を発揮していることは、全国各地の経験でも浮き彫りになったのではないでしょうか。

ですから、「集い」は、いわば「一石三鳥」ではないでしょうか。積極的支持者を増やし、選挙の担い手を増やし、党員を増やす。これに取り組んで失敗することはありません。必ず信頼関係が強まる。リスクはなくてメリットが三つもあるというのはとても素晴らしいことです。「集い」をぜひ「必勝作戦」を成功させるうえでも推進軸に位置づけていただいて、得票目標にふさわしい規模で、広げに広げていこうではないかということを、私は訴えたいと思います。

「必勝作戦」の成功を(3)——「期日と目標」にこだわって断固たる指導性を

第三に、そのうえで強調したいのは、「必勝作戦」をやりきろうと思ったら、個々の課題についての独自追求を断固としてやらなければならないということです。選挙勝利のための宣伝・組織活動をすすめるためには、それぞれについて独自追求が必要です。党勢拡大は一番力のいる仕事であり、党員拡大も「しんぶん赤旗」読者拡大も独自追求がなければ自然成長では絶対にすすみません。そういった独自追求を断固としてやり抜かなければ、「必勝作戦」は成功しない。

そして、そうした諸課題を前進させるための独自追求をやり抜くうえでは、党機関とその長が、断固たるイニシアチブを発揮することが決定的に重要となることが、討論で語られました。その点では、私は、福岡県の岡野県委員長の発言、福岡県の2人の地区委員長の発言はたいへんに重要だったと考えています。岡野県委員長は、次のように発言しました。

「福岡は県議2議席を死守し、5議席を目標にしています。そのため昨年の11月、12月に県議浮上作戦に取り組みました。後半戦を中心にたたかう党組織から４００人以上の方に来てもらいながら、地元の決起と合わせて、5選挙区で、『赤旗』号外33万枚のうち29万枚、県議選号外33万５０００枚のうち25万枚をまききりました。声の宣伝では、ハンドマイクなど５９９台を出動させて、７０３０回の声の宣伝を行い、支持拡大は5万９０００を行いました。それまでに比べて飛躍をつくりました。これらをふまえて、今、(『必勝作戦』で)3月1日までにこれだけのことをやろうと提起された場合、決定的な問題は何か。機関が断固たるイニシアチブを発揮して、期日と目標にこだわった指導性を発揮するか否か、これが現瞬間、大きな分かれ目だと感じています」

これは、きわめて重要な、機関の長の構えについて語っていると思います。「必勝作戦」というのは、まさに必ず勝利するために必要不可欠な作戦であって、「頑張ってやれるだけやった」ということではすまされません。選挙独自の諸課題も、党勢拡大も、目標を掛け値なしにやりきって、躍進の流れを作り出しながら本番のたたかいに取り組む必要があります。そしてこの作戦は「3月1日まで」と期日を区切った作戦です。ですから、「必勝作戦」を本気で成功させようとするならば、全支部・全党員が立ちあがる状況をつくりだすことを大方針として一貫してすえながら、それと同時並行で、どんどん機関が主導して、積極的な作戦を打っていく必要があります。候補者の同志、機関の同志、力持ちの同志が先頭に立って切り開いていくことが決定的に重要であることもいうまでもありません。「期日と目標にこだわって」、そういう躍進の流れをつくる指導的イニシアチブを、県委員長、地区委員長のみなさんが断固として発揮することの重要性を、福岡の経験は教えているのではないでしょうか。

　討論を踏まえて、「必勝作戦」をいかにして成功させるかについて、三つの点をのべました。全支部・全党員に正面から訴えれば必ずこたえてくれる。「集い」を推進軸に位置づけて得票目標にふさわしい規模で取り組もう。そして「必勝作戦」の諸課題を推進するうえでの機関の断固たるイニシアチブを発揮しよう。こういう点も握って、「必勝作戦」を必ずやりきり、選挙本番にむけてさらに広げに広げて、まずは統一地方選挙で必ず前進・躍進を勝ち取り、引き続く参議院選挙でも躍進を勝ち取る、その決意をみんなで固めようではありませんか。

連続選挙の勝利・躍進へ、党の活動を「トップギア」に切り替えよう

　昨年10月の5中総では、連続選挙の勝利・躍進を前面に、党の活動を「ギアチェンジ」しようと誓い合いました。この全国会議を、いよいよ目前に迫った連続選挙での躍進・勝利にむけて、私たちの活動を「トップギア」に切り替える会議にしようではありませんか。そのことを最後に訴え、みんなで力を合わせて歴史的選挙を勝ち抜く決意を固め合って、討論のまとめとします。ともに頑張りましょう。

（「しんぶん赤旗」2019年1月18日付）

全国都道府県・地区委員長会議

参加者の発言

辺野古――広がる反対世論 野党共闘で安倍政権おいつめる

沖縄県委員長　赤嶺　政賢

沖縄県委員長で、衆議院オール沖縄1区代表の赤嶺政賢です。どうぞよろしくお願いします。県知事選挙で勝利したあと、政府は土砂を辺野古の海に投入いたしました。12月14日が土砂投入で、12月15日のゲート前集会には玉城デニー知事も参加をしまして、「この土砂投入の暴挙は必ず新しい大きな怒りをよぶ。絶対にあきらめないし、負けない」という知事としての決意を表明されました。その後の情勢の変化は、年頭からの志位委員長の数々の報告、お話にありますように、私たち沖縄県民の予想を超えて全国にこの怒りが広がっていることを実感いたします。

私は、東京から沖縄に戻ってゲート前に行くと必ず、沖縄は孤立していない、全国でどれだけ連帯の輪が広がっているかということを訴えてきました。全国紙の世論調査でも辺野古反対が大きくなっていることはわかりますが、「産経新聞」も久しぶりに辺野古の調査をやりました。まともに聞いたら、これは辺野古反対の結果がでるだろうということで、「産経新聞」らしい聞き方をしておりました。「県民の民意と国政選挙での民意のどちらが優先されるべきか」、こう聞いた。何を聞いているのかわかりませんが、答えは県民の民意が優先すべきであるというのが6割となっております。もう止められない。国民の間で民主主義の破壊、そして属国日本の醜い姿、アメリカ言いなりの日本の姿というものに対する怒りに火をつけたのが、あの土砂投入だったなと。

県知事選挙以降で国会の様子も変わりました。野党合同ヒアリングは自民党、公明党、維新が国会を空洞化するなかで、野党が結束して様々な問題について、ヒアリングを行ってきて定着した制度でありますが、これに新たに辺野古の問題も野党ヒアリングのテーマになりました。沖縄でことがおきたら野党が全体としてそろって政府を追及する。明日は、超党派の野党の国会議員11名、合計で秘書もあわせて40人くらいになるらしいが、沖縄で辺野古の調査を行うことになりまして、知事面談のあと、沖縄のホテルで沖縄防衛局の局長、次長などをよんで、沖縄県野党合同ヒアリングをやることになっております。ここまでの変化は私もまったく想像していませんでした。今では来るべき参議院選挙で、野党共闘で私たちが頑張れば辺野古反対の共通の旗印で国政選挙をたたかうこともできるんじゃないかと、国政選挙でそれを旗印にしてたたかって安倍内閣を辺野古のたたかいからも追い詰めていきたいと思っております。

4月には沖縄では衆院沖縄3区の補欠選挙があります。7月の参議院選挙比例でも選挙区でも躍進をめざしたい。4月の衆議院補欠選挙は「オール沖縄」の候補者をおすことになりますが、相手候補が島尻さんといいまして、元沖縄北方担当大臣で、安倍首相と菅官房長官に一番かわいがられていて、「辺野古に機動隊を送れ」と参議院予算委員会で質問をしていた人ですから、いま落選させておりますが、復活をねらっているが、「あの人が出るんですよ」というだけで、拍手と絶対に負けないという機運があるので、補欠選挙も頑張っていきたい。

ここにきてもう一つ、政府が口実にしてきた「普天間の危険性の除去のためにも辺野古に基地を作る必要がある」という根拠が崩れました。普天間の危険性除去のためには、辺野古が唯一というのを繰り返していますが、岩屋防衛大臣は土砂を投入したその日に、２０２２年までに普天間の返還をやる予定だったが、それは困難になった。そして予算がいくらかかるかも辺野古の基地の完成の時期もいつになるかわからない、県民の反対運動があるからだと、このように言っております。辺野古の当初の資金計画書の事業費を見ると２４００億円です。ところが、沖縄の試算では、これから2兆５５００億円になっていくだろうと。あと13年、辺野古の完成にかかる。辺野古の完成を待っていては、一刻の猶予も許されない普天間基地の危険性の除去は絶対に実現できないわけです。今の時期からいっても普天間の危険性の除去と辺野古はリンクしない。危険性の除去は直ちに閉鎖撤去する、5年以内に運用停止するということで頑張っていきたいと思います。

2月24日には、県民投票があります。5人の市長が県民投票を拒否しております。それは憲法や地方自治法にも違反する市民の投票権を奪う行動であります。奪われた自治体では、島ぐるみの人たちがあるところではハンガーストライキ、あるところでは立て看６００枚を市長の通勤コースに、またあるところでは市長の出勤、退勤にあわせて、スタンディングをするなどの反撃のたたかいが起こっております。県民投票でも41市町村全部で必ず成功させます。沖縄弁護士会もこれを拒否する自治体の立場は、民主主義の破壊だという会長声明をだしました。全力で頑張っていきたいと思います。ありがとうございました。

日本一の政治目標、県議4議席実現を必ず

高知・高知地区委員長　金子　協輔

私は、この大会期に地区委員長になりました。最初の全国的政治戦は２０１７年の解散・総選挙で、市民と野党の共闘を破壊する突然の逆流と、分断に抗して発揮された党中央と県党の決断と対応が共闘の危機を救いました。その中で私が強く感じたのは、県党の持っている政治的、組織的力です。県都の高知市に4人の県議を持っている力、県下51人の地方議員がおり、それを支えている「草の根」の力があります。この議席と力があるからこそ、国政でも、県政でも、市政でも、共闘を前進させることができると痛感しています。

いまでは、案内する党の行事に野党各党の代表が参加するのは当たり前です。最近では県議会の野党会派の参加も広がっています。小選挙区で勝利した広田一衆議院議員も共産党を信頼し、当選して無所属を貫くこと、政党助成金を受け取らないこと、今度の無所属の会の解散にあたっても「共産党への恩義があり無所属で活動する」ことなど、表明されています。先日の県党の旗開きでは、国会での穀田さんとの信頼関係を話しながら、「座談会に出ました、とうとう『前衛』に登場することになりました」とあいさつをされたことはとても印象的でした。あいさつの前には、必ず「赤いネクタイをしてまいりました」との言葉から始まります。

その信頼されている日本共産党の勝利、躍進を勝ち取れるかどうか、最初の関門の統一地方選挙まで10週、73日です。地区党にとっての最大のたたかいは、なんといっても県都高知市の県議選、市議選で勝利を勝ち取ることです。

高知県の有権者は62万人で、その45％が高知市です。県都高知市のたたかいが県党の統一地方選挙のたたかいを左右し、次の参院選の帰趨も決めます。特に高知県党は、最も党派間のたたかいが激しい県議選挙で現有４議席から６議席以上をめざしています。高知市の現有４議席死守は絶対です。その高知市区は、定数15に有力17人が立候補する２人落ちのかつてない大激戦となっています。自民党は５から６、他の野党が３から４へと議席増をめざし、公明党３、そして共産党が４議席を死守するたたかいとなっています。前回は頑張りぬいて14、15位に入り４議席を確保しましたが、次点との差はわずか１２５票でした。現有議席を維持すること自体が容易ならざるたたかいになっています。

地区委員長としての最初の仕事は、高知の政治目標と候補者の決定でした。そして、昨年の年明けからは、勝つための政治、組織方針、作戦計画をたて、「特別月間」などの党勢拡大とともに全力で取り組んできました。特に、この半端ない県都決戦となる県議選を勝ち抜くために全党の決意を引き出し、得票目標に魂を入れるため、報告で紹介のあった「『比例を軸』に県都決戦を勝ち抜き、新しい時代を高知から！」のスローガンを掲げ、本当にやりがいの

あるたたかいだということを、様々な角度から語り、大志とロマンを持って立ち上がろうと呼びかけてきました。

県都の4議席は、県党の存在感、メジャー感をいかんなく発揮しています。国政での野党共闘にとっても、共闘の力で県政を前向きに動かす上でも決定的な力となっている。県議会の定数は37で、郡部に1人区が多いことから自民党が絶対多数の22議席を占めています。国政と同じように、数の力で県政を自分たちの思い通りにしようと躍起になっています。ここに立ちはだかっているのが、共産党県議団です。

昨日、高齢の女性の同志が、島根の中林さんの記事を見て、「これだと思った。高知でも早く決めてください」と電話があり、「山原さんと一緒にたたかったことを思い出します」とのことでした。山原さんとともに歩んできた同志はまだまだ多く、私も「いま山原さんが生きていたら、こぶしを振り上げて安倍ごときに負けてたまるかとたたかっているに違いない」と気迫を込めて訴えています。

4人の県議団も燃えています。気迫に満ちて自民党県議団の横暴を告発し、「こんな自民党県議団はいらない」、「自民、公明への一票は安倍政権支える1票。日本共産党への1票は、安倍政治ノー、増税ストップの力」と気迫ある訴えを行っています。勝つためには自公を徹底的に追い詰める論戦と、政治宣伝が決定的に大事です。

同時に、県議4議席は、それをとるだけの力を築いてきたということです。営々と頑張ってきた支部や同志のみなさんの力で押し上げた県議4人、市議7人が支部と一緒になって、党建設でもがんばっています。この大会期でみると、市内に44の地域支部がありますが、128人の党員を拡大し、8割の支部が入党者を迎え、前回選挙時比で101・3%になっています。この力をさらに大きくすることが、4議席死守の力になります。

党をつくり、その力で議席と得票を伸ばす。そしてその力でまた党をつくる。この好循環がどうしても必要です。

また、野党共闘時代で痛感したのは、積極的支持者をつくることです。一昨年の総選挙で、高知市で立憲などの得票があり、1万票も比例票を減らしたのはかなりショックでした。いかにして積極的支持者をつくるかで新たに重視したのは「集い」です。

高知の地域支部でみると、支部数の2・5倍の開催、党員数の2倍の参加者に広がっています。ある地域支部が4月から週1回の支部会議のうち、月1回は「集い」にしてみようと、まわりの読者などに気軽に声をかけ始めていました。すると、「みんなが発言でき非常に楽しい」、「支部会議にこれなかった人も楽しい」との話を聞いて参加するようになりました。もちろん党外の方も参加してくれるので入党者も生まれ、支部長は見違えるように元気になり、「支部会議も明るく楽しくなり、好循環が生まれている」と話しています。

私は、「楽しく元気の出る支部会議」との好循環が生まれていることが教訓的だと思っています。

最後になりますが、告示に見立てた3月1日まで45日。3月16日には志位委員長を迎えた大演説会も設定されています。この1年間、作戦計画に取り組み、苦闘もあるがこの国は変わらなければならない、変えなければならないとの思いで頑張ってきました。

提起された二つの構えで、まだまだ自己分析が不十分だとの思いがありますが、ラストスパートに向けて、候補者のみなさん、支部と同志のみなさんと心ひとつにたたかい抜く決意です。

臨時電話50台を設置、県議2名をとりにいく

福岡・門司・小倉地区委員長　宇土　博史

門司・小倉地区委員会は九州の玄関口の門司区、小倉北区、小倉南区で人口が48万人、世帯数は25万世帯、有権者は40万人です。得票目標は5万票の20％の地区委員会です。衆議院議員の田村貴昭さん、参議院議員の仁比そうへいさんの地元でもあります。また、前回、県議空白を克服し県議1名、そして市議4名を有する地区委員会です。

昨年12月12日までは5名の市会議員がいましたが、大石正信さんが今年4月の統一地方選挙の県議選に出るために辞任して挑戦します。そのため、1月27日に市議補選も市長選と一緒に行われます。これが18日に告示で27日に投票です。この選挙に必勝を期して、いま全力で頑張っています。

地区は、この4月の統一地方選挙で、福岡県5名の県議候補のうち2名を持っています。昨年4月からすべての課題をこの統一地方選挙勝利、参院選前進のためと位置づけて、特に党勢拡大を全力でたたかってきました。党勢では、根幹の党員は昨年1年間で93名の入党者を迎え、党大会以後、約2年で１７７人の党員を迎えています。前回統一地方選から党員を5倍化した寿山支部は、前回の支持拡大の９５５から３０００票を超えました。一人ひとりがコツコツつながりを生かして、つながり名簿を生かした党勢拡大がここまで大きくなったことで実現できました。

また、機関紙では「特別月間」の6月から連続７カ月増勢です。昨年1年間で日刊紙20部、日曜版１８２部の純増です。これをまだまだ続けていきます。特に「特別月間」では様々な工夫をして立ち上がりを広げるために「1部2部なら私でも」というチャレンジャー作戦と銘打って全同志の25％を組織し、そのチャレンジャー党員の皆さんが次々に読者を増やして貢献しました。常に5割の成果支部、1割の成果党員、これを絶対に握って離さないということで頑張っています。

昨年9月、「特別月間」の最後の月は、日刊紙の見本紙約３０００部を取り寄せ、県議候補の写真と「あなたの力を貸してください」「あなたのつながりにぜひ読者を増やしてください」というメッセージ付き帯封をつけて、支部におろしました。なによりも新入党員のつながりを生かした拡大は新しい層への広がりを感じました。また、配達・集金に携わる党員にも光を当てて党への貢献と機関紙拡大の訴えを届けました。その結果、昨年9月は減紙の数が通常の半分に、そしてこの月だけで日曜版が１５１部の純増になりました。読者が読者を広げた拡大は、6名もありました。

次が財政活動です。これはすべての党員の心を集める活動でもあります。党費も一昨年、大会後の3月から昨年の12月まで連続22カ月の増勢を続けています。これは地区財政部が「一口

でもいいから絶対に増勢で」をしっかりと実践しているからです。財政部長は『今月は無理か。仕方がない』。この言葉が出るとずるずると後退する。何が何でも増勢にする」といっています。財政部の気迫を感じます。地区が一丸となって財政を取り組んでいます。

1月4日の党旗びらきの志位委員長のあいさつで、昨年1年間の頑張りでは安堵できないなと痛烈に思いました。まず、前回の統一地方選は2014年の12月の総選挙でわが党が大躍進した直後のたたかいだったこと、党史上初めて県議空白議会を克服するという快挙を成し遂げた選挙であったことです。今回の選挙は、一昨年10月の総選挙で獲得した440万票をベースにして、850万を目標にどれだけ伸ばせるかが問題になります。前進を勝ち取ることは非常に容易なことではないと思います。5中総が提起した「比例を軸に」はしっかり据えられているか、根拠のない情勢判断、「何とかなるのでは」など、得票・支持拡大を低く見る傾向がまだまだ見られます。また対話・支持拡大が5割に届いていない支部では、支持者台帳総あたり、党員のつながりを生かしたマイ名簿、テレデータの電話作戦など、どれもが目標から大きく遅れています。3月1日までの「統一地方選挙必勝作戦」を正面にすえ、宣伝・組織活動を絶対にやりきります。ほとんどの支部で得票目標は決まっています。魂も入っています。読者・後援会員の力も借りて一気に取り戻したい。臨時電話も50台以上設置しました。あとは全支部、全党の決起だけです。決起させるのは、報告にもあったように、私、地区委員長の重大な責任だと痛感しています。何としても2名の県議を誕生させ、7月の参院選では比例で仁比そうへいさん、福岡選挙区のかわの祥子さんのために全力を挙げます。

最後に、2月16日に志位委員長を迎えての大演説会があります。2500人の会場です。今回の統一地方選最大の取り組み、さらには参院選へ太い流れを作る取り組みでもあります。日本共産党の勢いを示して最後までたたかい抜く。2月16日を3月1日と見立てて全力で支持拡大をやり上げることを述べて、発言にかえます。

決定を黒くなるまで読み込み、9カ月連続前進

北海道・旭川地区委員長　石田　尚利

昨日、旭川空港を出発したときの気温はマイナス22℃でした。東京に降り立ったときはプラス8℃でした。30℃の気温差をはねのけ、決定を深く理解する努力を行い、この間9カ月連続で日刊紙・日曜版を前進させてきた経験を中心に報告したいと思います。

9カ月連続前進の最大のきっかけは3中総、前回総選挙の教訓と課題を明らかにした方針でした。当時、3中総を討議すると、常任委員会、支部会議でもそうでしたが、「野党共闘の前進なんて言い訳だ」、「全然心に響かない」などの声が現場から出て、厳しい状況に置かれて

いました。改めて振り返ってみると、党活動、特に選挙で後退したときこそ、機関の長がどう展望をみんなに持ってもらえるか、「負けたときこそ踏ん張り時」と、3中総からどう教訓を引き出すか、努力・苦闘してきました。苦闘の中で、私が3中総で実践する決意を固めたのは三つ。一つは、党の積極的支持者を増やす活動、「集い」に正面から取り組むこと。二つは、選挙活動の日常化、後援会活動の抜本的強化を図る。そして三つ目に、第27回党大会決定第5章に立ち返るということです。

この三つの努力をしてきましたが、すぐに成果はあらわれるものではありません。3中総以降も党勢で後退し、「集い」もほとんど前進はしない。後援会活動は蚊帳の外という状況が続きました。

これが前進に転じたのは昨年4月、日刊紙1部、日曜版30部の前進、そこから機関紙の毎月の前進が始まりました。努力を開始して5カ月目のことになりました。その頃には毎月数支部が「集い」にも取り組むようになり、後援会員も毎月増えていくようになってきました。

6月、4中総の討議をする頃には、常任委員会では「党勢拡大一本ではなく、『集い』でも後援会活動でも支部が多面的に活動に取り組んでいる。今までにないことだ」という発言が出るなど、3中総のときとは違い、常任委員会の発言が前向きに変化してきました。それでも毎月月末になれば、それこそ手を替え品を替え、ときには無理もお願いしながら、「何としても」と必死に機関紙を毎月前進をさせてきました。大変ですが、毎月前進を続けてくると、地区全体の雰囲気も前向きに変化してきました。

変化を実感したのは5中総の討議でした。常任委員会や支部で討議をすると、「5中総は思いにぴったりかみあう」「この方針で頑張ろう」など、方針が党員のみなさんとかみあうようになりました。「ギアチェンジ」や「臨戦態勢」も、私が言う前に地区役員や支部長が自ら言葉にすることが多くなりました。3中総のときから見ると大きな変化が生まれました。

機関紙の連続前進と合わせて、3中総以降、12月末までに「集い」では32支部が75回開催し、参加者はのべ892人。地区党の5割を超える支部が1回以上「集い」を開催したことになります。後援会活動の日常化にも継続して努力し、後援会の活動交流会などにも取り組み、前回地方選時の会員数を上回り始めています。

昨年10月には、旭川市長選挙で現職の市長を初めて支持してたたかいました。旭川市政を分析し、政策を明らかにすると同時に、重視したのはこの間実現してきた要求、掲げる要求を前面に押し出すことでした。国民健康保険料の8年連続引き下げをはじめ、市民運動と議員団の奮闘とで実現してきたさまざまな要求を縦横に語りながらたたかい、市長選を勝利したことが党内に元気を与えました。今、統一地方選挙の作戦計画、地区の「総合計画」、そして道議会議員選挙をたたかう旭川選挙区の政策も独自に作成し、要求でたたかう統一地方選挙を意識してすすめてきています。

最後に、3中総以降の活動を振り返り、私自身感じていることですが、さきほど報告のなかで志位委員長が、やるべきことは党大会決定に書いてある、5中総の第3章冒頭でも、参議院選挙・統一地方選挙をたたかう方針は、すでに党大会決定、3中総、4中総で明らかにしている、と指摘しています。私自身、3中総以降、大会決定、特に第5章に何度となく立ち返りました。そうすると、3中総、4中総、5中総の方針の全体像、基本というものは全部、党大会決定に書いてある。決定を本当に黒くなるまで読み込み、決定を深く理解し、情勢を前向きに打開できる根拠を明確にし、地区内で共通の認識とし、全党員の力を引き出して現場で実践を積み重ねる努力が大事だと感じています。

「必勝作戦」を必ずやりきり、統一地方選挙で、北海道議会、党道議団長・真下紀子道議と旭川市議4人の完全勝利、そして引き続く参院選で比例7議席、紙智子議員の当選と畠山和也選挙区候補の当選へ、地区党の得票目標を必ず実現する、そして党を強く大きくして選挙に勝ったと総括できるよう、奮闘する決意をのべて発言とします。

安倍政治にも維新政治にも、終止符を打ったたかいに

大阪府委員長　柳　利昭

志位委員長の報告では、強権とウソに頼る安倍政治の破綻とともに新しい軍国主義への国家改造の野望を告発して、まさに日本の命運がかかったたたかいとして、連続選挙を「安倍政治サヨナラ選挙にしよう」と訴えました。

さらに大阪の維新政治への審判を重視して、「共産党躍進で安倍政権退場、維新政治の転換を」と奮闘している大阪の党組織への連帯も呼びかけられました。維新政治の転換は、府民の命と暮らし、民主主義をかけた課題であると同時に、安倍政権の補完勢力を打ち砕く点で、全国に果たす大阪の歴史的使命です。

連続選挙で安倍政治にも維新政治にも終止符を打って、日本と大阪を変えるたたかいに本気で挑戦する、政治を変えたいと願う多くの有権者も、共産党にその決意と構えを求めています。この大きな構えで統一地方選挙をたたかい、勝利し、比例80万票実現で、辰巳孝太郎参議院議員の再選を必ず勝ち取って、大阪の役割を果たす決意です。

大阪の維新の動きでは、松井知事と吉村・大阪市長が公明党とかわした大阪都構想の住民投票の密約が暴露され、反故にされたから、統一地方選挙と同日の知事・市長選挙を含めてあらゆる手段に出る、と表明しました。ダブル選挙の実施についてはなお流動的ですが、この間の経過は、都構想が府民の願いではなく、維新のウソとペテンに支えられたものであること、維新政治が府民不在の密室取引きの汚く古い政治だということを改めて浮き彫りにしました。この点では、衆議院の議席欲しさに維新に付き従う公明党も厳しく姿勢を問われています。大阪のメディアも、党利党略、住民不在、首長選挙の乱用だと厳しく批判しました。

維新がこうした裏取引に走る土台には、都構想への府民の強い批判と行き詰まりがあります。私たちは彼らがダブル選挙に打って出るなら、反維新の共同を築いて、都構想と維新政治に府民的な決着をつける構えで準備を進めています。

同時に、維新と公明に亀裂が走るもとで、府議会と大阪市議会でわが党が躍進して、維新を少数に追い詰めることがいよいよ重要になります。今回の維新の動きには、ダブル選挙を掲げて議員選挙を有利にする思惑があることもとらえて、ダブル選挙の様子見にならずに議員選挙勝利にまい進して、維新政治を打ち破る党の責任を果たします。

こうした動きを含めて、大阪の連続選挙のたたかいは激烈です。参議院大阪選挙区は、定数4に自民と維新が2人擁立の構えで、公明党の現職に加えて、立民も国民も候補者を決め、わが党の辰巳議員を含め、8人以上で争う大激戦の様相です。この中で統一地方選挙も、維新と自民の第一党争い、立民の新たな擁立など、全体として多数激戦になっています。

私たちは、府議会2議席の現状打開を維新政治を打ち破る最大の突破口として、5議席以上を必ず実現し、大阪市議選・堺市議選でも現職絶対確保と、議席増をめざします。大阪全体では総選挙の比例第5党の32万票から2倍以上の80万票をめざすたたかいであり、現有議席確保自体が容易ではありません。

同時に、前進・躍進のチャンスも間違いなくあると思います。先週のいっせい宣伝では、241カ所で1万6000枚のビラを手渡しましたが、消費税増税への怒りが強く、激励が各地で相次ぎました。9条改憲でも大阪の3000万署名は、163万筆で2000万署名の最終を突破しました。国政の四つの争点は、府民の大きな関心事であり、綱領の立場から打開方向を示す党の役割がまさに響きあっています。

維新政治でも、先週私たちがおこなった「ネット1000人調査」では、カジノ反対が多数を占め、大阪万博にも期待の声の一方で、府民負担やカジノとセットへの懸念の声も強く出されて、「カジノより暮らし、防災、中小企業を」、この訴えが本当に響く状況があります。

参院選での辰巳孝太郎応援チーム、あるいは地方選挙でも市民グループの勝手連の発足など、共闘を通じた党への新たな期待が、立民が出るか出ないかにかかわらず、各地の選挙区で生まれはじめています。

もちろん党の府議団・市議団のかけがえのない役割と実績が新たな支持を広げる大きな力になっています。こういう条件を本当に汲みつくして、自民・公明・維新対日本共産党、この対決構図を浮き彫りにして党の値打ちを押し出して勝利をめざしていきます。

3月1日までの「必勝作戦」の目標をやり抜くカギは全党運動です。大阪では11月に志位委員長を迎えた躍進のつどいを6000人で成功させ、支部総会と地区党会議を力に臨戦態勢をつくってきました。5中総支部討議は、4地区で100%、全体でも92%を超えました。しかし、得票目標決定支部は63%、支持拡大のとりくみは56%です。「特別月間」では、支部の過半数が入党を働きかけ、7割以上が読者拡大で成果をあげました。この到達を発展させて、すべての支部の力を引き出すために力を尽くします。

実践的には府の後援会ニュースを、この「必勝作戦」の提起をふまえて緊急に作成にかかっています。さらに「赤旗」見本紙活用の思い切った補助を実施して、「片手に『赤旗』見本紙、片手に後援会ニュース」で、大阪の48万後援会員とあらゆる結びつきで支持と購読を訴えて、20万人の担い手をつくる大運動に取り組みます。「集い」や演説会の案内とあわせ、大阪のすべての日曜版読者に入党パンフを届けて、入党と支持拡大への協力を呼びかけていきます。

1月の取り組みが決定的なカギだと思います。19日に大阪府党会議を開いて、この成功を力に、この大作戦をやり抜いて勝利を切り開く決意を述べて発言にします。

率直な議論と「法則的な党活動」が構えを固め、活動推進の力に

神奈川・北部地区委員長　堀口　望

きょうの報告を受けまして、統一地方選挙と参議院選挙で勝利する条件と可能性は大きく広がっているし、その可能性をものにするためのヒントが一つひとつの地区委員会や支部のこの間の実践の中にあると感じました。大きくこれに学んで、実践に生かして、必ず二つの選挙に勝利していきたいと思います。

北部地区委員会は、昨年10月まで日刊紙・日曜版とも連続前進をしてきました。残念ながら11月で後退し、「12月は連続後退させないぞ」と気迫を込めて支部と党員が猛奮闘しました。日刊紙は前進、日曜版は後退でしたが、年間では日刊紙・日曜版とも前進する経験を積んできました。きょうは、この前進を作り出す力がどこにあったのか、その力を生かして「必勝作戦」成功に向けてどうしていくかを発言します。

まずこの間、私たちはこの激動する情勢の中で党綱領と私たちの活動がどう輝いているかなどを深める議論と実践を行ってきました。党旗びらきあいさつでは「厳しさとチャンスの両面をしっかりつかみ、やるべきことをやり抜いて必ず前進・躍進をかちとろう」と呼びかけられました。どこにその保証があるのか。それは、この間私たちが広く打って出れば対話が弾み、思わぬ成果が生まれる経験を広げている、この一つひとつにありました。

緑区の田所市議は、農協に所属している党員と農協役員さんを訪問し、農業政策のビラを渡しました。すると役員さんは、「まったくその通りだ」と話し、「赤旗」を購読してくれました。また、南区の羽生田市議は無所属の市議のポスターが貼ってあるところを訪問し、ダメ元でポスター掲示をお願いしたら、「いいよ」と新規に複数枚貼れることになりました。海老名市では元民社系の支持者、そして元社民系の市議などに、「来年選挙なので」とお願いすると次つぎと購読してくれるなど、野党共闘時代の新たな情勢の発展があることが報告されました。

北部地区委員会は、すべての支部で大会決定と5中総決定を討議し、5割を超える党員が読了しています。この中央委員会決定を地区役員が支部に入って、自分たち自身の活動で情勢を切り開いた生の経験、対話で寄せられた声を交流し、励ましあい、いまの情勢の中で党がどういう役割を果たしているかを明らかにする中で、一歩一歩、行動の輪を広げてきました。また情勢の論議と一体に、一人ひとりの党員はもちろん、住民の願いと要求に寄り添って、支部の「政策と計画」にして自らの目標になるような要求論議をしてきました。

9月中旬から配布が開始された市民アンケートには、12月までに2500通、これまでの1・6倍の返信が寄せられました。このアンケートの中に、40代の男性から「前の職場でひ

どいパワハラにあい、うつ病になってしまい、退職せざるを得なくなった。生活保護を申請しても5年間受け取ることができなかった」と悲痛の訴えが寄せられました。氏名と連絡先が書いてあったので、早速連絡し、「集い」への参加を呼びかけました。この方は「集い」に参加してくれ、「いままで白票を投じることで抵抗してきたが、こうした真正面から政治を変えようとする政党があることを知り、感動した」と話しています。また翌日の後援会主催の餅つきにも参加して「こんなに楽しいのは久しぶりだ」と感動し、「一緒に活動してみませんか」と入党を呼びかけると、「今の社会を何としても変えたい」と決意をしてくれました。

この間、様々な入党の決意の場に立ち会いましたが、一人ひとりの入党の動機は、今の政治を変えたい思いや願いが詰まっていると実感します。支部会議や支部長会議などでも、情勢論議とともに、一人ひとりの党員の初心に立ち返って、「政治を変えたい」、「何を実現したいのか」を議論することが、生きた目標になると実感するし、いま活動に参加されていない方とも一緒に活動するカギになっていると感じます。

一人ひとりに心を寄せて、「楽しく元気の出る支部会議」への努力が支部でやられています。相模原中央支部では、週一回の支部会議で情勢論議と行動の具体化を行い、毎月一回はみんなで食事をして交流する、そして、その後地域を歩く活動を地道にすすめてきました。この1年間の取り組みで、530人の後援会ニュース会員から1100人を超える後援会ニュース会員に成長しました。その後援会ニュース会員に次々と購読や、購読してくれた人に入党の訴えを行って、組織しています。こうした一人ひとりの願いを掲げて、「楽しく元気の出る支部会議」を広げること、そして各行政区で作られている補助指導機関で、ここに住んでいる住民の願いを実現するためにどんな党になっていくのかを、目標にして決めました。

統一地方選挙をたたかう相模原市の各行政区では、ミサイル司令部が急きょ頭ごなしに相模総合補給廠に置かれたことに対し、「こんな許せない状況をなんとかして変えていくために、党議員をさらに増やしたい。今度の選挙では、比例目標を正面にたたかい、県議をはじめとした現職議員の再選を必ず勝ち取り、そして次の2023年の選挙では、市議で議席増と中央区では県議選をたたかえる党に発展させよう」という決意がされました。

座間市、海老名市でも議席を増やして、「福祉の座間」を取り戻し、海老名市議会のすべての常任委員会に議員を配置して、住民の願い実現の議会に変えていくために全力を挙げる、との目標が議論され、これは私をはじめとした議員、地区役員の共通の目標と構えとなって、活動を推進する力となりました。

党旗びらきあいさつで、3月1日までの「必勝作戦」が提起され、翌日の地区総で議論しました。情勢論議はあんなに活発だったのに、「必勝作戦」の議論では、水を打ったかのようにシーンとなりました。しかし、議論を重ねていくうちに、「年末の行動は多くの支部が頑張った」「ただ、まだまだ一部の党員の動きになっている」「対話をすれば相手から噴き出すように返ってくる」「やっぱり党員を増やすことが重要だ」と議論を重ねて、「何としてもこの目標をやりきって、再選を勝ち取る」、この決意がみなぎりました。

3月1日までの「必勝作戦」を成功させ、統一地方選挙で藤井県議の再選をはじめとした候補者全員を当選させ、地方から安倍政権への退場の審判を下し、参議院選挙でしいばかずゆきさん、あさか由香さん、私と同世代候補を国会に送り出し、日本の未来に希望を切り開くために全力で奮闘する決意を述べて、発言と致します。

希望と展望語り、県議2人区で勝利へ

長野・諏訪・塩尻・木曽地区委員長　上田　秀昭

私は、連続する今回の選挙の第一関門として、統一地方選の県議選で、私の地区で抱えている、二つの2人区で2議席を必ず勝ちとる、その決意で発言したいと思います。

諏訪・塩尻・木曽地区委員会は、4市5町4村の13自治体に責任を負い、統一地方選・県議選では、現職の備前光正県議の塩尻市区の議席、そして総選挙立候補のため辞職しましたが、前回選挙で勝利した岡谷・下諏訪区の毛利栄子候補の議席、この二つの2人区での勝利をめざします。そして、後半戦では、空白克服を含め、4市3町3村の10自治体で20人の候補を擁立してたたかう構えです。

地区内の県議選はいま、大激戦になっています。岡谷・下諏訪区は、定数2を3人で争う選挙の様相です。毛利候補の2期目の県議選も3人のたたかいでした。このときは、260票差のなかに3人が並んで、次点と当選した人の差はわずか52票という状況でした。今回も、それと同じような状況ではないかと思われます。昨年、毛利前県議が総選挙に出るために辞職しました。そのために補欠選挙が行なわれ、当時、自民党の岡谷市議だった人が当選しました。また、公明党と統一会派に所属していた下諏訪町を地盤とする県議は、その補選の一週間前に自民党に鞍替えしました。これまで、岡谷・下諏訪区で自民党が議席を独占したことはありません。塩尻区も、自民現職と備前県議に加え、前回、民主党から出て次点だった候補が出馬表明し、さらに、昨年の塩尻市長選に立候補してあと400票で当選できたという人が、今年の市の新年会で備前県議のところに寄ってきて、「今度、自民党にいわれて、俺も県議選に出ることにした」と言ってきました。塩尻市も自民党が議席独占を狙う、まさに「自共対決」の激しい選挙となっています。

地区では、この県議選2人区での勝利を統一地方選の最重点として取り組んできました。16年前に初めて県議の2議席を獲得し、県政が地区内でも一気に身近になりました。しかし、8年前には、その2議席とも惜しいところで落選となり、その悔しさをバネに4年前、総選挙躍進の勢いもあって、再び2議席を獲得することができました。しかし、今回は、前回のような、黙っていても党に支持が寄せられる状況ではありません。私も、年末に読者拡大などで有権者の皆さんと対話してまいりましたが、どこでも、「本当にいまの安倍政治はひどい」という怒りがあります。しかし、「野党は本当にまとまれるのか」「政権をとっても民主党のようなことになりはしないか」「政権を任せることができるのか」という迷いが、有権者のなかには根強くあります。安倍政権への批判だけでは、党に支持は広がらない、集まらない。いま、どうしたら、この政治を変えられるのか、どういう政治をつくるのか、希望と展望を有権者に語ることができるか、届けることができるのか、これがカギだと感じています。一人ひとりの党員が、地域で、職場で、安倍政権を倒すための声をあげ、綱領が示す新しい政治の姿、その政治をつくる楽しさを生き生きと語り、行動できるようにすることが、地区委員長としての最大の任務と感じています。

いま、自民党政治の地方壊しが、わが地区にもあらわれております。JR東日本が3月16日のダイヤ改正で、特急あずさの停車本数を減少させることを発表して、大問題となっています。新宿－松本間の所要時間をわずか4～7分短縮するために、塩尻駅は5本、岡谷駅は4本減らし、下諏訪駅は現在の16本からたった4本に、4分の1に減らされてしまいます。

1月7日には、諏訪の6市町村の首長をはじめ、諏訪地方・塩尻・木曽地方の行政や議会、商工会議所・観光協会の皆さんが揃って、JR東日本の長野支社に出向いて、このダイヤ改正の見直しを求める要請行動を行いました。支社長は、マスコミの取材を受けることを拒否して、「ダイヤ改正はJRが決めることであり、皆さんにはご理解を願いたい」というだけのけんもほろろの対応でした。帰ってきた下諏訪町長が「あまりにもひどい対応だった」と党議員に話したのを受けて、党として何かできないかと藤野保史衆議院議員と連絡をとるなかで、藤野さんが国交省の担当官とのレクチャーを実現していただきました。11日に藤野衆院議員、武田参院議員、備前県議、毛利県議候補も参加するなかで、担当官から、今回のダイヤ改正については「合理性がない」との発言を引き出すことができました。公共交通の使命を投げ捨てようとするJRと、それを野放しにする安倍政権は、地方でも矛盾を広げています。

こうしたなかで、地域でも変化が生まれています。11月から始めた岡谷市の住民アンケートは前回の倍近い400通が返送され、年が明けたいまでもまだ届いています。塩尻市でも、30代の女性から「共産党に強くなってもらいたい。いま頼れるのは共産党と自由党しかありません。なかでも、共産党はずっとぶれないで国民・弱者のために働いてくれる、いまの時代の砦です。これからも共産党を応援していきます」と書き込まれたアンケートが届き、訪問すると日刊紙を購読してくださいました。毛利県議候補の事務所の契約でも、「賃料50万円と広告に載っていたが、私たちの予算は12万円しかないのですが…」と、大家さんに毛利候補が直談判すると、「それでいいです」と、メインの通りに30メートル四方もある敷地のビルを借りることができました。

この1月、2月の活動が、県議選必勝のためには決定的です。党旗びらきの「必勝作戦」を受け、地区では、県議選をたたかわない市町村・グループにもテレデータをおろして、対話・支持の飛躍をめざします。党勢拡大でも、党員拡大を根幹に、この1月、党員30人、日刊紙読者50人、日曜版読者300人を目標に、いま全力をつくしています。3月1日を投票日として、支持拡大目標をやりきり、党勢拡大で前回参院選時を回復・突破するために、「必勝作戦」をやり遂げる先頭に立って、地区委員長として全力をつくす決意を表明し、発言とします。

「私にもできる」を地区党のすみずみに広げたい

広島・東部地区委員長　名越　理

みなさんこんにちは。上下支部の活動が多角的にとりあげられて、たいへん上下支部は優れた支部なんですが、上下支部が優れているからといって地区委員会、ましてや地区委員長が優れているわけでないことは最初に強調しておきたいと思います。上下支部の経験は、党活動のページに5回載りまして、「党旗びらき」でも今日の報告でも詳しく紹介されたので、多分、中央委員会が一番よくつかんでいるんじゃないかと思います。

私は、上下支部の支部長の福家さんの活動について、すこし紹介をさせてください。福家さんは、上下町という自治体だったころに、3回、町議会議員選挙に挑戦をしました。3回とも落選をしました。府中市に吸収合併されて、その後、彼は点在党員になり、活動から遠ざかるようになりました。私は何回も訪問をしましたが、どういいますか、人間不信といいますか、頑張っても社会や政治は変わらないという感じでした。党費はずっと納めずに、しかし、『赤旗』の配達・集金だけは、読んでくれる人がおるからということで十数部やっていました。3、4年前から、ひょっこり党費が納められるようになったんです。「どうしたんか」と聞くと、「安倍政治のせいじゃ」と言っていました。夏に岡田さん夫妻が転籍をして、上下支部ができました。それから彼の頑張りがはじまりました。やっぱり1人で頑張るというのは、なかなかできません。一緒に活動してくれる相棒、それができること、できたことが、彼の力を引き出したのではないかと思います。そういうふうに考えてみると、広島県には県会議員が1名で、6期24年間頑張ってきました。辻恒雄さんといいますが、福山市選出です。「オール与党」の議会の中でたった1名、本当に、よく頑張ったなあと思うんです。彼のこの4年間には、健康や奥さんを亡くされたりと、様々なことがあったんだけど、再度挑戦するということでした。この決意と奮闘に報いるために、必ず再選させるし、広島県で複数議席を勝ちとって、県議も相棒をつくるということを頑張りたいと思っています。

岡田さん（岡田隆行府中市議）の活動から何を学ぶかということですが、岡田さんだからできるんだという声が結構あるんです。私も、少しそう思っているんです、実は。岡田さんは、八次小事件の当事者で、児童の「発言」を守ったことから〝差別者〟にされて、ずっと頑張って勝利判決を得ました。だから、本当に〝真理は勝利する〟、日本共産党の役割と値打ちは〝ぴかいち〟だということも実感している同志なんです。そういう点では、共産党を大きくすること、そうやって政治を変えることに対して不動の確信があるんです。だから彼のような経験をすれば、みんなそうなるんじゃないかと思っていますが、とてもそんなことはできないので、じゃあどうするか。一つは学習だと思うんです。党大会決定で歴史が決着をつけた三つのたたかいが紹介されました。共産党員ならみんな共有できる不屈のたたかいです。ですから、ああいう中身、現実の情勢のなかで果たしている役割をいかに実感もって自分のこととしてつかめるような政治的援助ができるか、これが最大の地区委員長としての仕事かなと、いま思っています。

実践的には、上下支部で入ってくる新入党員の方は、だいたいこういうことを聞かれます。「上下支部には何人党員がいるんですか」と。何人ですと答えると、「そんだけしかいないんですか。それで政権とろうと思っているんですか」というんですよ。「このままでは、3%、4%の政党のままですよ。そんなことではだめでしょう」といわれて、喝を入れられています。

これはぜひ、発言してほしいといわれたことですが、「入党申込書」を、入党のよびかけや綱領パンフのようにおしゃれにかえて、書きたくなるような「入党申込書」、党員がいつも持っておいて、渡したくなるような「入党申込書」にかえてほしいと要望がでていますので、ぜひご検討をお願いしたいと思います。

「必勝作戦」、大変です。20日に、地区活動者会議を開き、今日、自分が得た確信と勇気を全体にひろめるように頑張ることで発言を終わります。

「きびしさ」と躍進の条件の両面をとらえ「必勝作戦」やりぬく

千葉・中部地区委員長　小倉　忠平

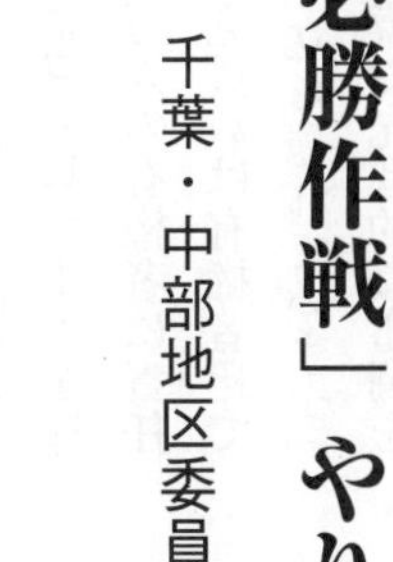

地区委員会は、統一地方選挙前半戦の千葉県議選と千葉政令市議選で前回、小松実県議団長から議席を引き継いだ花見川区の寺尾さとし県議の議席の絶対確保と、緑区での県議獲得を含めた県議3議席以上で全県の県議5議席から8議席への躍進の一翼を担い、千葉市議選では前回6議席から7議席に躍進した現有議席の絶対確保をめざしています。

勝利のためには、今日の報告でも提起されたように、まずなにより国政でも、県政、市政でも、「自民・公明対日本共産党」の対決構図を徹底的に浮き彫りにする論戦を貫くことです。そして、提起されている「統一地方選挙必勝作戦」をやりきることです。

県議選花見川区は、定数3に共産、自民、公明の現職3人に加え、前回民主党で僅差で落選した元職が立憲民主党から立候補する大激戦です。わが党は、前回得票の1・5倍、比例目標で一本化した得票目標2万票を掛け値なしに達成することが求められています。

花見川区委員会と選対は、「いままでにやったことのない取り組みを」と、昨年11月23日に廃校となった元小学校の体育館を借りて、空調も音響もない条件のもとで市田副委員長を弁士に迎えて、演説会ビラの全戸配布、連日2台の宣伝カー運行、自治会長などの案内など、「知らぬものなし」の状況をつくりだし、過去最高の340人で演説会を成功させました。花見川区委員会の攻勢的な構えを各支部が受け止めて、機関と支部が団結して成功させ、一つの突破口を開き確信を深めています。

花見川区のある大きな自治会700世帯の自治会長は、寺尾県議が訪問した際に「安倍首相のもとで自民党は幅が狭くなった。共産党の存在は貴重だ。期待している」と激励してくれました。選挙の厳しさを直視しつつ、わが党が攻勢的に打って出ればでるほど、自ら風を起こして前進、躍進できる条件は大きく広がっていると実感しています。

千葉市緑区では、前回統一地方選で歴史的な市議空白の克服をはたしたかばさわ洋平市議を先頭に、今回は、定数2の県議選でも新人の江田ちよ候補の必勝へ前回党候補の得票6千票を倍加させようと市議の議席確保と一体に大攻勢をかけています。地域要求をきめ細かく取り上げ、開拓者精神で保守層への攻勢的な訪問、働きかけを行い、ポスターの新規張り出しや、後援会員、ニュース読者を1900人から4000人を超えるところまで倍加し毎月届けています。そして党勢でも前回統一地方選時まで、党員はあと1人、日刊紙読者は3人超え、日曜版読者は44人超えてさらに3割増をめざしています。

今週の1月20日には、小池晃書記局長を迎えての鎌取駅頭演説を史上初めてとりくみ、「本当に小池さんがくるのですか」と反響を広げています。

また、地区委員会では12月から1月にかけて中央委員会作成の国保料提言パンフを増刷し、教職員の長時間労働提言パンフと合わせてすべての自治会長と小中高校の学校長、PTA会長に届ける活動を進めています。大きな共感と期待、激励がよせられ、自治会長が日曜版読者になってくれ、校長先生から「教員の多忙化解消やエアコン設置で共産党の活動はありがたい」との声や共同が広がっています。

第27回党大会後の第一期「総合計画」で、「中部地区は、千葉市と京葉コンビナートを擁する市原市との合計100万人の有権者に責任を負っています。しかし、党員数は有権者比で全国平均の約5割と大きく立ち遅れています。全国的には有権者10万人規模で先進的な奮闘をしている地区委員会も少なくありません。中部地区党の本格的な躍進のためには、それぞれの市委員会、区委員会が地区委員会並みの体制と活動を各支部とともにつくり出す大志と構えを持とう」と党勢倍加の目標も提起してきました。そして補助指導機関、区委員会、市委員会の強化や、非常勤役員の結集、地区党学校の定期開催にとりくみ、昨年は4回のべ160人が参加しています。それらが選対の確立や候補者の擁立にも結実してきています。

地区委員会における規約に基づく党員拡大と新入党員教育など、新入党員の成長を名簿で掌握し、選挙戦の奮闘を実現する経験については、昨年12月15日付の「赤旗」の党活動のページに掲載してもらいました。

党費納入100%をめざし、未納者名簿での援助を進める中で納入率は87%となりました。党費納入100%支部を重視し、100%納入支部も45%まで到達してきました。

いま、市民社会が個人の尊厳や多様性の精神を広げている中で、党の側の質的な党づくりがそれに追いついていないと感ずることがあります。苦労も多く、日々生起する問題への対応に追われることも日常茶飯事です。しかし、その一つひとつへの対応が選挙勝利と綱領実現につながり、さらには未来社会への実現につながっているとの展望と大志をもって「統一地方選挙必勝作戦」をやりきり、全国の地区委員長のみなさんと心ひとつに勝利を勝ち取る決意です。

地区委員会が本気でとりくみ、空白大学に民青班と党支部を再建

東北地方　地区委員長　田中　健太

地区委員会は、1人専従で非常勤の同志も次々と病に倒れる中、このままでは地区委員会がなくなるという危機感からこの取り組みを始めました。

2016年10月に機関、議員、支部から必要な同志を集めて青年学生委員会を結成。地区委員長を責任者として毎月必ず開催することとしました。当初は、「豪華メンバーを集めて、ただ毎月会議をやることに意味があるのか」と批判もありました。私自身そう思いましたが、やらなければなくなる、できるかできないかではなく、やるかやらないかだ、ということだけは確信がありました。そこで、大きな川に飛び込むつもりで力の集中を始めました。

会議では全国の経験に学ぼうと、『月刊学習』の連載「若い世代のなかでの活動」や「民青新聞」をみんなで購読して学習し、青年結びつき名簿をつくり、ニュースを届け、大学の門前宣伝を行いました。

そのうち、「原水禁世界大会に参加した学生が、学内で報告会をやるらしい」という情報を聞きました。すぐに連絡を取って報告会に参加しました。報告者の学生に地域での報告会でも話してくださいというと了解してくれ、その報告会の後で働きかけ、民青に加盟してくれました。これが学生同盟員1人目で、青年学生委員会の定例化から半年後のことでした。

大学生のサークルに協力を呼びかけたら一緒に子ども食堂の活動をしてもらえることになり、一気に学生との結びつきが広がりました。その中で2人の学生が呼びかけに応え、原水禁世界大会に参加し、大会期間中に民青への加盟を決意しました。これで民青が3人になり、12年ぶりに民青の班を結成しました。しかし、夏休み中ということもあり1カ月間は班会が開けませんでした。このことが、次の地区青年学生委員会で大問題となりました。「せっかく加盟したのに1カ月も何もしないとは地区委員長は若い人の志をつぶすつもりか」となり、激論の末、党が直接援助して毎週班会を行う、民青同盟員の参加者がゼロでも毎回援助者の参加者がいれば会議になるといって始めました。

班会議は、毎回あたたかいご飯をみんなで食べることとし、これが転機となり、2017年10月から少人数でも毎週班会議が開かれ、3分間スピーチではなんでも気兼ねなく話を聞いてもらえる、「民新タイム」ではこれまで話し合う場所がなかった政治の問題についても勉強し、話し合える、若干の材料費を出し合って一緒にご飯を食べるのも好評で、毎回の班会が楽しみといわれるようになりました。

2018年4月の新歓の前後から同盟員が、自分のサークルの友だちやバイト仲間を体験班会に誘うようになりました。班会では同盟員の要望や疑問を徹底して聞き、即実行してきました。大学周辺の道路が暗くて怖いとの話を受け

て、友だちを誘って現地調査を行って、町内会に街灯設置の申し入れを行う、『君たちはどう生きるか』の読書会「君生きカフェ」の開催や、新歓企画では、福島原発事故被災地ツアーなどを企画し十数名の新入生が参加しました。温泉巡り班会や花火大会班会、若者憲法集会や原水禁世界大会への参加、一つひとつの取り組みを党総がかりで成功させてきました。

2018年1年間で学生同盟員が誘って体験班会に参加し、民青の魅力を実感した学生は11名いますが、11名100％が民青に加盟し、全員が結集しています。

その中で、4人の同盟員が入党してくれ、昨年末12年9カ月ぶりに学生支部を再建しました。その中の一人が「民青で学ぶ中で本当にやりたい仕事が見えてきました」と話しています。党と民青が若い人たちの生き方の模索にぴったりこたえるものになっていると思います。当初、私のような年齢不詳、政党役員の話を若い人たちが聞いてくれるのか心配でした。しかし振り返ると心配の方向が間違っていました。話を聞いてもらえるかではなく、こちらが若い人たちの話をどれだけ徹底して聞けるかが問題です。そうすれば、若い人たちの模索に応えるものを日本共産党と民青同盟は持っています。

青年学生の中で大きな民青同盟と党をつくることはできるし、求められている、そのことが実践の中で証明されています。これまで、地区委員会と民青県委員会が毎週学生班を援助してきました。それだけの意義はあったし、それが大きな川に飛び込むレベルの援助だったと思いますが、今後とも援助の手を緩めることはしません。しかし、目の前に統一地方選があります。学生新歓と選挙の両方で勝利するには、選挙型の学生新歓として一層の努力と工夫が必要です。ではどうするか、学生支部を再建したことで、毎週の学生支部会議で毎週の民青班会議の内容を話し合い、準備することができるようになりました。これは重要な手がかりです。また学生支部長は学生の政治参加の運動に取り組んでいる団体のメンバーと話し合い、共同で選挙参加の呼びかけを新学期に学内で広げようとしています。選挙を自分たちの問題として考えることは18歳選挙権の教育を受けてきた新入生の要求にこたえることとして新歓運動に位置づけていきます。新歓と選挙を統一的に成功させる事業に挑戦する決意です。

支部が主役の「集い」と「入党よびかけ」で党づくりに挑戦

大阪・木津川南地区委員長　能勢みどり

わが地区の地方選の政治目標は、大阪市会の現有議席の確保と、住之江区の市会議席の奪還、西成区・大正区の合区、住吉区の府会議席への挑戦です。維新政治に終止符を打つ上では大阪市会議員団が鍵を握りますが、現有9議席のうち3議席を担っている地区委員会として大きな責任があります。今度の選挙は安倍・維新政治を転換させる大きなチャンスですが、西成

区・大正区の市会定数が削減されるもと、党の値打ちと対決軸を鮮明にし、やるべきことをやりぬかないと現有議席の確保さえ容易ではありません。

13日の地区委員会総会では、3月1日を投票日と見立てた「必勝作戦」の意思統一を、朝から夕方まで時間をかけて行いました。具体的には勝利のための担い手づくり、自力づくりに正面から取り組むことを突っ込んで議論しました。いま改めて、自力が細っているわが地区が勝利するにはこの道しかないと思うと同時に、「楽しく元気の出る支部会議」を軸にすえてきたことで、「支部が主役」の大きな提起を正面からできるまでに支部・地区委員会活動を発展させてきたのではないかと感じています。

この一年間、「集い」革命を起こそうと、支部主催の「集い」の開催と入党よびかけに挑戦する支部・党員を広げることにこだわってきました。すべての支部がこれらの課題を具体化することは容易ではありません。支部長会議で提起したことを具体化する支部と、そうならない支部では何が違うのか。どういう力をつけなければならないのか。常任委員会で繰り返し議論してきました。その中で、支部指導部づくりと、その指導部と一緒になって頑張る行政区委員会や職場援助委員会の援助が決定的であることがわかってきました。方針を本音で議論できる集団づくり、カギは民主的な運営です。相手を信頼し、率直に問題提起しあうことはとても勇気のいることです。そして、納得するまで討論を尽くし、みんなで決めたことをみんなで実践する気風、互いの弱点を指摘しあうのではなく、足りないものは補い合う集団づくりに力を注いできました。そうしてこそ、新入党員を含む全党員のエネルギーを生かすことができます。

「集い」はこの一年間で77％の支部が取り組むところまで発展し、有権者の中に積極的支持者を増やしながら確実に結びつきを深める力になっています。「集い」の効能が支部の確信になるところまで援助しようと実践する中で、双方向型で全有権者を対象にした「集い」に挑戦する支部が広がりつつあります。

党員拡大では昨年2月以降から現在まで、入党よびかけに挑戦した支部は76％、よびかけた数は４２４人です。うち入党者を迎えた支部は39％、59人が入党され、新入党員教育と「党生活確立の三原則」に真剣に取り組んでいます。とにかく入党よびかけに挑戦する支部・党員を広げることにこだわり、7割以上の支部がはたらきかけに挑戦したことは今までにない大きな変化です。

地区常任委員会はこの間、党員拡大の推進について、堺地区や全国の経験に学び、わが地区に足りないものは何なのかと議論し、党を大きくして選挙に勝つという構えをすえなおし、執念を持った取り組みを私たちの地区でも実践しようと努力してきました。「特別月間」後、取り組みが弱まる中、私自身、常任委員会、常任委員や候補者のみなさんと、「いろいろあっても言い訳せず、入党よびかけ運動に正面から向き合おう。そのためにも候補者が訪問活動の中に入党よびかけを位置づけ、支部を励ましていこう」と率直に思いを語り、侃々諤々《かんかんがくがく》の議論をしてきました。11月も残り1週間になってようやく、候補者先頭に入党働きかけの取り組みが広がり始めました。ほとんどの党員が入党のよびかけに挑戦したことがないもとで、最初は躊躇していた支部のみなさんも、候補者の実践に背中を押され、訪問活動の中でどんどん変化し、今では自らが「きょうは入党のお誘いで寄せてもらいました」と生きいきと語る姿が見られます。

12月2日の地区党会議ではこれらの経験が生きいきと語られ、全体を励ましました。その甲斐あって12月は33％の支部が92人によびかけ、10％の支部で合計13人を迎えることができました。

いま、気軽に入党をよびかける流れが生まれつつあります。入党よびかけ運動は選挙の担い手づくりそのものです。入党よびかけをする中で、私たちの熱意が相手に伝わり、相手をよく知り、前向きな思いを引き出せるからです。確実に信頼関係が深まります。地区内には約400人の集金を担っている党員がいます。日常的に読者と結びついている集金者が、入党よびかけに挑戦する流れをこの選挙戦の中で作り出したいです。

この1年間、一生懸命、藁《わら》にもすがる思いで党づくりに取り組んで、現在の到達は前回の地方選挙時回復まで党員で86%、日刊紙84%、日曜版78%です。勝利の土台はつくれておらず、支持拡大もすすんでいません。しかし、前進方向は切り開いてきているし、党への期待や注目も実感しています。勝ち抜くカギは全党決起です。そのカギを握る支部指導部集団と行政区選対が心一つに、支部に活力をつけながら全党決起をつくり出す決意を述べて発言とします。ともに頑張りましょう。

「国政でも京都の政治でもブレない党」を押し出して

京都府委員長　渡辺　和俊

報告を聞きまして、結論的には、統一地方選挙のわが党の躍進いかんが、参議院選挙にむけた「市民と野党の共闘」の水準を決めると、本当にこのことを痛感し、何が何でも勝つ決意を固めたところであります。5中総は安倍政治の四つの大破綻ということを強調し、安倍政治を終わらせる三つの呼びかけをおこないました。あれからわずか3カ月で大破綻がいっそう進行している。報告で言われているように野党にとってチャンスだと、そういうことが浮き彫りになったと思います。報告の中で、矛盾と破綻の焦点をつかみ、攻めに攻めるということが言われました。

消費税の問題です。元旦の日刊紙に大きく京都の取り組みが報道されました。料飲組合、個人タクシーの協同組合など、様々な業界団体が一緒になって、今の経済情勢のもとでの消費税増税反対という1万人アピール運動を展開しております。その中核を担っている民商・京商連が非常に元気です。いろいろな要因がありますが、倉林参議院議員が麻生副総理・財務大臣に謝らせて、消費税を滞納せざるを得なかった業者が分割で納入できるようになって、10万人が救われたという、この実績が背中を押しました。藤井・京都大学教授は「京都民報」のインタビューに応じて、「10月の消費税増税は法律で決まっていることですが、中止となる可能性はもちろんあります。デフレ不況の中で消費税を増税することは日本経済に破壊的なダメージを与えることは確実です」、こういうふうに言われたところであります。京都選出の自民党の議員は、この藤井さんがだした本に登場して増税反対を唱え、またもう一人の自民党の衆議院議員は、「自民党出身の税理士の間では、インボイスは大変評判が悪い」と発言しています。明らかに消費税問題で現時点で、報告で言われたように〝火だるま状態〟ということでありまぁす。攻めに攻めていきたいと思います。

「戦争する国づくり」の問題で、全国で自衛隊の若い人たちへの勧誘に35％の自治体が協力しておりますが、これはほとんど名簿の文書を渡している。これ自体、重大でありますが、京都市は全国でたった四つしかない、名簿を紙媒体ではなく、タックシールにまでして18歳と22歳の名簿を自衛隊に提供して、いま大問題になっております。まさに戦争する国づくりの安倍政治の京都への持ち込み、これを自民党と維新が推進し、これに旧民進系が乗っかっているという「オール与党体制」の構図がこの問題を通じて浮き彫りになっております。「私の個人情報を勝手に使うな」という若い人たちと連帯して、日本共産党が頑張っていることが党への評判をあげております。

そういうもとで、論戦の問題で提起されましたが、第一に、綱領にもとづく党の独自の政治的立場、独自政策をしっかり正面から府民にむかって訴えていくということが大変大事だと思います。野党共闘の時代を迎えて、党員の中には野党の共同を重視するあまり、党の独自政策を訴えることを控える傾向があると思います。「軍事費削って、福祉にまわせ」「安保条約を廃棄し、日米同盟から脱却してこそ、基地問題は解決する」と、党でしか訴えられない国政問題の中心課題をしっかり論戦で訴えていくことが、ますます大事になっていると思います。

もう一つは、国の政治でも京都の政治でも一貫して、市民との共同を誠実に熱心にぶれずに貫いてきた日本共産党、自公政治と対決してきた日本共産党という、この押し出しが決定的だと思っております。連合京都の幹部が「5年前共産党に奪われた議席を取り戻すために、立憲民主と国民民主はバラバラではいけない」と発言しました。もう一人の連合京都の幹部は「（共産党を追い抜いて）第2党になるために、立憲民主と国民民主はぶつかりあわないでほしい」と言い、いくつかの選挙区で〝すみ分け〟が進行しております。前原誠司氏は年末の産経新聞に登場して、橋下徹氏と食事したと。そして、安倍政権のもとでの9条改憲に反対だけではダメなんだと。野党共闘の到達点を軽視する発言を堂々とおこなっております。枝野代表は京都での記者会見で、「共産党も連立の相手ですか」と聞かれて、「参議院の1人区で一本化することは合意している。これは大事だ」と言われたのは大切な点でありました。しかし、「共産党と政権を共有することとは全く違う次元の話だ」ともこたえました。

いまそれぞれの党が生き残りをかけて、必死であります。しかし、京都における「オール与党」体制の破綻はまさに極限に達しております。去年の知事選挙で、私たちが政党として日本共産党だけが推薦した福山和人候補が自民党府政下で過去最高の44・1％を獲得し、無党派層の5割、立憲民主党支持者の6割を獲得し、去年の秋の大山崎町長・町議選ではついに同じ対決構図で勝利することができました。先日の日曜日の長岡京市長・市議補選では、残念ながら勝てませんでしたけれども、自共の一騎打ちになった補欠選挙で、98年の過去最高の比例票を超える得票をすることができました。

「必勝大作戦」は衝撃をもって受け止められています。しかし、告示にならなければ、本気にならないというこの悪弊はなかなか根深いものがあります。なぜ3月1日なのか、このことを本当に全党の理解にするための援助・議論がどうしても必要だと思います。期日前投票が定着してきたということはもちろんですが、いま安倍政権に対する怒りがあっても野党共闘の真の姿がなかなか見えてこないということからのあきらめもあって、この間の選挙は投票率が下がっております。そういう有権者の動向があるだけに、早く働きかけること、どうしても3月

1日にやり抜く。比例30万票・第一党、そして府会で過去最高の15議席以上、京都市会では現在18対19の自民党との関係を逆転させて、第一党をめざして全力で頑張る決意を申し上げて発言を終わります。

「支部が主役」で「地方選必勝作戦」を成功させ、勝利をかちとるために

東京・北多摩北部地区委員長　金野　和則

どう地方選勝利を勝ち取るか、その決意について発言を致します。地区党は参院選では比例5万票、得票率25%を目標に掲げてたたかっています。地方選では後半戦のたたかいとなりますが、地区内5市のうち、3市で市長選、5市で市議選がたたかわれます。市長選では、市民と野党の共同で勝利をめざす取り組みにするために力を尽くしているところです。市議選では5市で5万の得票目標を掲げ、現有17人から20人に、新人は4人ですが3人増に挑戦します。東村山市では定数25で、3人から5人をめざし頑張っています。市議選をめぐる情勢は大激戦になっており、厳しいたたかいになっています。同時に、市民は安倍政権に怒り、批判を高め、これと対決してたたかい、野党共闘を追求する共産党への期待を高めている中でのたたかいとなっています。

地区は、衆議院でいいますと、小選挙区は東京20区ですが、20区候補でもある宮本徹衆院議員がおり、都議も二人いますので、国政、都政、市政で連携して、市民の願いにこたえて奮闘しています。地元でもわが党の存在感、期待と注目は一層広がっています。市政でも、例えばいま大問題となっている国保税で、子ども2人目から均等割りを半額に軽減させた清瀬市議団をはじめ、実績抜群の5市議団の役割への期待が高まっています。

こうしたなかで各党の市議選に向けた動きは激烈になり、宣伝戦、組織戦を強めています。現在の立候補状況は、確定ではありませんが、自民党は3市で増やす、全市で旧民進党系が立憲民主党から立候補し、2市で増やす状況となっています。東村山市では共闘する野党が多数立候補する予定で多数激戦、他の4市は1人、2人はみ出しの少数激戦となっています。党への攻撃も強められています。清瀬市では定数20で1人増の5人をめざしていますが、自民党市議は「共産党が5人は多い」と公然と言い放ち敵意をむき出しにしています。私たちから言えば「5人でも多くない」ということですけれども。党と候補者の値打ちを政治戦、宣伝戦、組織戦で伝えることができるならば、全市で全員当選を勝ち取ることはできると確信しております。

地区党はこの間、党大会決定、3中総、4中総、5中総決定にもとづきたたかうことこそが勝利の道だ、カギだと努力をしてきました。それらをさらに踏まえながら、今は「必勝作戦」をやりぬくことがカギだと思います。3中総後、二つの連続選挙で勝利するために、参院選

の比例得票に一本化した得票目標を持つことに努力し、ようやく先日の13日に、全支部が得票目標、支持拡大目標をもって、全支部がたたかいのスタートラインに立つことができました。また、地区はこの間、5市の市選対、個別選対を確立し、その役割を果たせるように、市ごとに選挙学校を兼ねた特別の会議も行ってきました。

とりくみでは一貫して宣伝を重視しています。市議候補連名ポスターは、いま張り出し完了をめざしているところです。9月、10月には第1次の出陣の演説会を5市ごとに開催し、合計では1200人が参加し、大変好評でした。第2次として、最大限に構えた目玉演説会として、2月に5市ごとに開催することにしております。合計目標は2000人以上になりますが、これを結節点にたたかいを発展させたいと考えているところです。

3中総でも言われましたが、積極的支持者を広げる「集い」を重視して、2万4000人の後援会員がいますので、それを目安に、目標を2万人参加の運動にするということで、いま7割の支部が開催し、5800人の参加となっています。音出しも支部の取り組みを重視して、3中総後では1万4000カ所、15世帯に1カ所、1月に入ってからは625カ所となっていますけれど、強めています。そして、候補者リーフの作成・配布に取り組んでいるところです。対話・支持拡大ではようやくゼロ支部がなくなりました。しかし本格的にはこれからです。いずれにしても臨時電話も入れて、一気に強めて拍車をかけたいと思っているところです。

最大の問題は、自力の問題です。前回地方選時比で、党員は、党費納入党員では上回っていますが、現勢そのものでは95%、日刊紙は91%、日曜版は84%です。これでは勝利できません。1月の拡大もまだ党員は1人、読者は37人と遅れています。何としても打開して、3月1日までに回復する決意です。

この「必勝作戦」をやりきっていくことは大仕事です。やることがいっぱいあります。したがって一部の少数の人だけではできません。候補者が先頭に立つとともに、「支部が主役」で全支部はもちろんのこと、後援会員の協力もいただきながら、どれだけの人が動くのかが決定的です。そのためには、5中総決定、党旗びらきあいさつ、本日の会議の徹底がカギだと思います。直近の5中総決定では、討議支部は100%、読了も52%ですが、大会決定の3文献では6割を超えたので、さらに強めたいと考えています。そして、地区、各市、個別選対とともに、支部の臨戦態勢を強めたいと思います。そのためにも5中総決定が言っているように、全支部が週1回の支部会議を開催することです。12月度は64%の支部での開催でしたので、これを全支部に広げることが大事だと考えています。以上、決意を述べて発言と致します。

地区と支部が選挙勝利に向けて心ひとつに

埼玉・中部地区委員長　山本　眞里

中部地区委員会は、上尾市、桶川市、北本市、鴻巣市、伊奈町の4市1町に責任を持ち、有権者45万人、地域支部29支部、職場支部19支部で、小さい地区委員会です。得票目標は5万票、20%です。きょうは、「統一地方選挙必勝作戦」について主に発言したいと思います。

私は、地区委員長の任務に就いて8年目に入りました。毎年、支部長や地区役員の皆さんに年賀状を出し、そこに、一年の抱負のようなことを書いてきましたが、今年は「勝負の年」と書きました。12年ぶりに県議の議席を奪還する上尾・伊奈選挙区で、秋山もえ候補を必ず県議会に送ることは地区党全体の責任。それから、「埼玉で8議席以上」という目標を達成するためにも、定数3で勝利する責任があります。得票目標2万5000をめざして活動しています。そして、後半戦の北本・鴻巣市議選、伊奈町議選で850万票、15%に見合う得票を勝ちとり、参議院選挙に勢いをつけて北関東ブロックで梅村早江子さん、定数が1増えた埼玉選挙区で伊藤岳さんの勝利を勝ちとり、11月には桶川市議選、12月には上尾市議選と続きます。もう本当に選挙の年で、生きていられるかわからないような年で、まさに「勝負の年」と思っています。

党旗びらきで「3月1日を投票日に見立て、選挙戦の勝利に必要な草の根での宣伝・組織活動をやりきる」という提起はその通りですが、衝撃でした。逆算でいろいろな計画は立ててきましたが、それは「告示まであと何日」「投票日まであと何日」というものでした。このことを議論した地区委員会総会では、「まさか、党旗びらきでこのような提起があるとは、驚き」「相当、遅れているのだな」という発言から始まりました。いろいろ出ました。「他党派の動きは活発」「『これ以上の消費税増税は困る』『複雑すぎる』という声が大きい」「『あそこのサンゴは移動した』など、自らフェイクニュースを流すような安倍政権は本当にサヨナラしたい」「『対話が面白い』と思えるように支部会議に入って工夫したい」「『必勝作戦』を正面から受けとめて、まず初戦で勝つ」「12年ぶりに県議を獲得することに本気になる」「仕掛けるのは地区役員がエンジンをかけていくしかない」などの積極的な発言が続きました。機関自身がこの提起を受けて、支部会議に入り、自分自身の感想や決意を語り、具体化する先頭に立つことが求められていると思います。

1月初めの上尾の支部長会議では、新年初めての支部長会議で、「新年の抱負などで全員発言にしよう」という提起に対して、支部長の方から、「本当に地区は県議選で勝とうと思っているのですか?」「党旗びらきの提起は、目前にせまった統一地方選挙という関門をまず突破する、勝利に向けてやるべきことをやりぬくことではないですか?」「対話・支持拡大など、これが遅れている支部をそのままにしていていいのですか?」「これは、わが党の選挙活動が、本番になってから本格化するという、これを抜本的に変えることで、そのためには、1月、2月にどれだけ頑張れるかが大きなカギと言っている。上尾の現状もそうなっているのではないですか?」「支部の現状をどう打開するかを話し合い、進んでいる支部の教訓を出し合ったらどうですか?」と言われたということです。まさに、機関の構えの問題を、支部長から指摘されたのです。大いに反省し、対話・支持拡大が遅れている支部への援助をどうするか、担当地区役員との相談が始まっています。

『女性のひろば』1月号や1月3日付「赤旗」の小池書記局長との対談で、党内では全国的になった秋山もえ県議候補は、週2回の早朝駅頭宣伝と夕方の「お帰りなさい」宣伝に、市議や町議、支部の応援も得て、明るく元気よく取り組まれています。金曜日は始発の5時から立っていますが、その姿を見て、「頑張っている共産党の新聞を読んでみたい」と中央委員会にメールがあり、訪問すると日刊紙購読につながりました。さらに、「共産党に入るにはどうしたらいいですか?」とも聞かれ、入党よびかけカラーパンフを渡して、再度訪問することにしています。また、宣伝担当者会議を定期的に開いて、SNS対策やLINEグループづくりなどにも取り組んでいます。期待の声を身近に感じている候補者と、支部の動きや支持拡大にはギャップがあります。支部が有権者のなかに入って行動することで、党への期待を確信にすること、「今度こそ県議を」という党員や支持者の思いが実現するように、現状をリアルに見て、支部と一緒に行動し、実践していきたいと思います。

「必勝作戦」の二つ目の課題は、どの支部長も悩んでいることです。党員は100・4%ですが、統一地方選挙比で日刊紙91・7%、日曜版87・4%と覚悟が必要な数字です。とくに機関紙では、「高齢で字が読めない」「施設に入った」「年金だけで生活が大変」など、元読者だけでは限度があり、「選挙型の拡大で何十年ぶりに購読につながった」ということもありますが、新しいつながりを生かした拡大が必要と痛切に感じています。昨年12月は減紙が多いなか、月初めから何回も行動して年間増勢を勝ちとった北本市党は、それを教訓にして1月も出足早く取り組んで、市民アンケートで答えてくれた人を訪問して、新規に増やしています。機関紙の成果支部が、議員や地区役員の努力で毎月6~7割というのは中部地区委員会の誇るところですが、それを生かして、機関自身が「やればできる」と実践で示していくこと、非常勤常任を含めた8人の常任委員会の集団体制を崩さず、「1月、2月が勝負」と位置づけて、掲げた目標達成のために、「支部が主役」をつらぬいて勝利を勝ちとっていく決意を述べて発言とします。

地区役員の成長とともに活動の前進が生まれる

石川・金沢地区委員長　南　章治

私の発言は、地区役員、支部長の水準を引き上げるとりくみについてです。金沢地区は、金沢市だけに責任をもつ地区委員会です。実は、昨日、発言の準備が十分できませんでした。というのは、市会議員選挙の4人目の候補者を昨日の晩に決定しました。前回の統一地方選挙では4人だして3人当選、その前もそうでした。その時に、非常に私自身が教訓として感じたのは、党勢が後退した問題は当然として、もう一つ足らない問題として、指導体制の弱体化という問題を非常に痛感しました。金沢地区は赤旗出張所長を除いて常勤常任3名です。実は昨日決めたのは、その3名のうちの1人でした。73ある支部で常勤常任2人となります。非常勤の力を結集しなければこの選挙は勝てないと思っています。

党大会後、非常勤の人たちの水準の引き上げと、新たに参加してもらう努力を続けてきました。特に、女性の指導部の引き上げの努力もやってきました。支部長にこだわらず、普通の党員のなかでも有能な人材についてはどんどん「一緒にやりましょう」と声かけをしてきました。同時に、なってもらった以上は、頑張ってもらわないといけない。この2年間ほどは、2カ月から3カ月に1回、地区党学校を開催してきました。当初は県委員長、もしくは中央の幹部の人にきてもらっていましたが、毎回はきてもらえないので、地区役員のなかで講師をするようにしました。これは非常に好評で全体の水準を引き上げるとりくみになりました。あわせて、支部指導にも入ってもらいました。特に志位委員長が報告されたように、私たちの地域は四つのブロックにわけていて、東のブロックには兼六園とか東茶屋街とか近江町市場とか、金沢の観光地が全部入っている地域ですが、女性地区役員を中心に支部指導にあたっています。月1回、月初めの日曜日の午後に地区委員会総会をやり、その翌週に、ブロックごとに支部長会議という形態をとっています。東のブロックは、決して支部長会議の参加がいいわけではないですが、全部の地区役員が支部担当を二つから三つ配置しているので、支部長が欠席の場合でも地区役員が参加すると全部の支部の様子がわかるシステムになりました。

新しい地区役員が学習するなかで成長し、単に支部指導にいくだけでなく、よく声を聞いて、さらに実践でも先頭に立つということが始まりました。そのなかで、古い地区役員の人たちがこれまでと同じようにやってもいてもだめだと、拡大行動に立ち上がる努力も広がっています。そういう努力で、昨年の「特別月間」で8割の支部が成果をあげました。この教訓が広がり、12月は北部ブロックで、10支部中すべての支部で成果があがりました。それだけではなく、繰り返し行動するなかで拡大総数の4割を北部だけであげるとりくみが生まれました。

どういうとりくみがされたかといえば、まず議員、機関役員が支部に入り、「一緒に行動しましょう」と声をかけながら、一緒に党員訪問、未結集党員訪問をくりかえす、そういうなかで行動にも参加をしています。未結集党員の訪問では、党歴の浅い方が、「そんなら自分も協力します」と、初めて拡大をするとりくみも始まりました。いま地区委員会では「全党員、全支部を視野にしたとりくみをすれば勝てない選挙はない」が一つの合言葉になって運動がすすんでいます。先ほども言ったように、やっといま候補者がそろい、前回は1年前には候補者がそろってやっていたが、いろんな事情があり大きく遅れていました。いま、提起をされている3月1日までにやるべきことをやりつくすことを昨日は意思統一しました。同時に専従者が3人から2人になったわけですから、皆さんの力をかりなければこの選挙は勝てないと訴えました。

12月議会で、自民党の自衛隊出身の議員が異様な質問をしました。憲法改正について、「時代変化に即していない」と、憲法と自衛隊について、もう一つは、庁舎内における政党機関紙の勧誘について、という二つの質問をしました。一地方の議員が住民の要求をとりあげずに、こういう問題だけをとりあげる、これに市長が呼応して一緒になって攻撃する。政党機関紙といいながら、最後のほうになると「しんぶん赤旗」攻撃が露骨にでてきました。残念ながら、庁舎内規定に反すると市長が公然というなかで、一定数の読者を失いました。しかしこのたたかいは、押されているたたかいだとは思っていません。この4年間、前回の選挙のときは競輪の場外売り場問題で市長を辞任に追い込みました。さらに、再選されても１００条委員会に54年ぶりにかけました。この間、ごみ有料化問題について、町会連合会、商店街連合会の皆さんと一緒になって反対運動を続けてきました。私も11月の市長選挙では、候補者として市政を批判してきました。そういうことに我慢ならなかったことが背景にあると思います。いまのとりくみは攻勢的にとりくんできた結果だと思っています。こういう市長と自民党とが一体になった攻撃にたいして、私たちが統一地方選挙、参議選挙で勝利して押し返すことにかかっていると思います。そのために全力をあげて頑張ります。

「カジノNO」貫く共産党の議席増へ、臨戦態勢とりきって勝利めざす

和歌山・北部地区委員長代理　国重　秀明

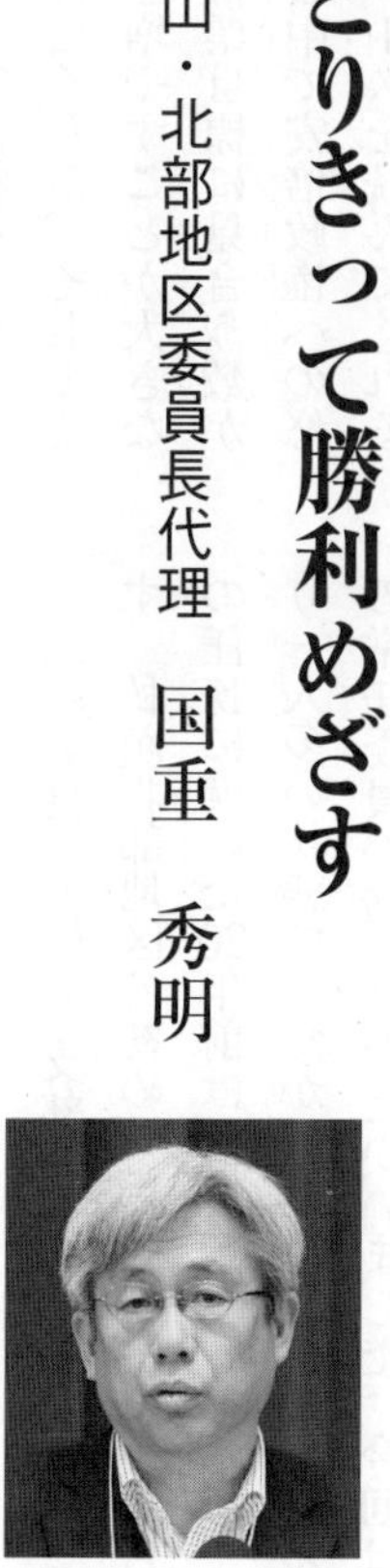

北部地区は、和歌山市、海南市、紀美野町の2市1町をエリアとし、合わせて11人の候補者がたたかいます。県議3人、和歌山市議6人、紀美野町議2人です。県議の現有議席は和歌山市と海南市の2議席です。県全体としては、議席の回復や新たな挑戦による2から6への躍進をめざしています。北部地区は半分の3議席獲得に責任を負っています。

今日は、和歌山市での全員勝利をめざす活動について二つのべます。一つは、選挙の様相と争点、たたかい方です。県議会は41人のうち自民、公明が8割をしめています。和歌山市では15人中6割が自民、公明です。この勢力が推し進めているのがカジノの誘致です。「赤旗」12月30日付の報道によれば、政府のカジノ実施本部が自治体に行った意向調査で「申請する」と回答した自治体は四つあり、和歌山県はその一つです。昨年11月の知事選挙で知事は選挙公報でカジノにもIRにも触れませんでしたが、マスコミが知事選の報道で繰り返し触れたのはカジノでした。知事はインタビューにこたえ「県民の所得が1割増える。雇用は2万人増える」などと言い放つ姿勢に終始しました。

党が推薦した候補は、「カジノNO」を前面に訴え、カジノ誘致に熱心な一方で病院のベッド削減の政策を推し進め、農林水産業の予算を年々減らすといった県民に冷たい県政を変えようと訴え、得票を伸ばしました。宣伝カーに駆け寄り、一緒に走り「カジノはアカン」と応援してくれる場面があるなど、大きな反響があった選挙でした。

県議選は、現職15人に加え、わが党が新人を立て、自民党と維新が新人を擁立する動きがでています。共産党対自民党とその補完勢力の対決の中で勝ち抜かないといけません。「カジノより暮らしを」との訴えを貫き勝ち抜きたいと思います。

地区委員会は、カードやリーフを入れた必勝袋を支部に1万部届け、後援会員などへの訪問、対話が始まっています。宣伝物を3枚、5枚、10枚と知り合いに広げてくれる、そして支持を広げてくれる担い手を増やすことが大きな眼目です。後援会員は、得票目標に見合う数が目標です。軒並み訪問する中で安倍政権への怒りが述べられ、後援会ニュースを読んでくれるケースも少なくありません。宣伝では、候補者の声をデジタルプレーヤーに録音し、宣伝カー、ハンドマイクで活用を始めています。

大変遅れているのは党勢拡大です。和歌山市の地域支部の中で、3割増を党員で達成している支部は一つです。また、3割増に行かないまでも、コツコツと増やし党費納入100%を達成している支部もあります。こうした支部に共通しているのは、後援会活動を大事にしていることです。健康と暮らしを守る活動や、自治会活動などを通じて住民の要求にもとづく活動を広げ、結びつきを持ち、結びついた人たちの中で政治と党を語る努力をしています。DVDなどを使った綱領学習に取り組んでいることも共通しています。

党と候補者の役割、魅力を語りに語ってたたかいをすすめるという今の時期であるからこそ、どの支部にもある結びつきを生かせば、こうした支部に学んで党勢の上げ潮の中で選挙をたたかうことができます。これに挑戦していきます。

二つめは、機関と支部の臨戦態勢の確立です。私が北部地区で初めて統一地方選挙の選対の任務に就いた20年前は、候補者の数が現在より一人多い状態でしたが、選対の責任者を専従の常任委員が務めてたたかいました。今回は、それだけの専従者がいません。昨年の党会議で新しい体制がスタートした時に構成した常任委員は16人、支部指導に当たれる専従者は5人、候補者5人、非専従が6人です。専従者のうち一人は海南担当ということもあり、選対づくりは、非専従に頼ることになります。そこで県委員会の援助もうけ体制づくりを進めてきました。選対確立においては前の県委員長、副委員長の同志、あるいは県の運動団体で重要な役職を持っている同志にも率直にお願いし、指導的に役割を担っていただけるよう要請し、快諾してくれています。

支部に対しても、臨戦態勢をつくるという点で和歌山は、党会議を参院選後と決めましたが、支部の総会を通じて5中総にもとづく選挙作戦を立てることや新しい指導部づくりを進めることを呼びかけてきました。こうした中で、日ごろ支部会議に参加しない方が支部会議に参加し、その後、宣伝活動に参加してくれるとか、一年以上ぶりに党費を納めてくれる同志も生まれています。

まだまだ不十分な到達ではありますが、引き続き支部の立ち上がりへの援助をつよめて、二つの「必勝作戦」をはじめ、活動のテンポを飛躍的に上げて勝利のために全力を尽くす決意です。

共同候補と県議2、政令市議8の勝利で安倍政権に退場の審判を

新潟・新潟地区委員長　田中　眞一

志位委員長の報告を受けて「ウソと隠ぺい、強権政治でしか政権を維持できない安倍政治は破綻している」「ファシズムの時代逆行の取り組みは絶対許せない」「次の統一地方選と参院選の勝利で安倍政権を退場に追い込もう」、この決意を新たにしています。

もう一つは、今日提起された全国の地区委員長の経験を学んで、あらためて野党共闘時代の中での日本共産党の支部活動とは何かということを、党大会決定を踏まえて提起されたことは、非常に今後の学ぶものとして受け止めて奮闘していきます。

新潟県は、2016年の参院選で野党統一候補の森ゆう子参議院議員を当選させて以来、県知事選、総選挙と3連勝しました。市民と野党の共闘のさらなる前進で参院選勝利へ、この取り組みを加速することは急務になっています。

新潟地区委員会は政令市議会選では2議席増で野党第1党の8議席に挑戦します。県議選は東区定数2で渋谷県議の再選と、定数3で前回600票余りで手の届かなかった西区での県議の議席を確保することが目標です。

昨年10月にたたかわれた新潟市長選では野党共闘の弱点もあらわになりました。共産党排除が画策され、野党5党と市民連合と立憲・国民・連合のブリッジ共闘にとどまりました。たたかう大義と結束が不十分なまま推移し、当選まで9000票余りまで迫りましたが敗北しました。選対部長を務めた立憲民主党の1区の西村衆議院議員が、「野党の旗をちゃんと立てていたら違う結果があったかもしれない」と語ったことは、当然です。

県内での野党共闘は、新潟1区が最も立ち遅れています。旧同盟系など、共闘に背を向ける勢力が強いからです。本気の共闘を前進させるためには、新潟1区で日本共産党が県議、市議の議席を増やし、政党の力関係を変えることがどうしても必要です。

地元新聞の新潟日報が6月に実施した県内世論調査では、柏崎刈羽原発の再稼働に反対・どちらかといえば反対が65・1%を占め、県民の圧倒的世論になっています。ところが、自民党新潟県連は、2014年の4月の県連大会で原子力規制委員会が安全を確認したものから順

次、再稼働を求めていくと決議しています。その自民党と公明党が県議会の3分の2を超える議席を占めています。こうした県議会の力関係を市民と野党の共闘で変えようと、挑戦が始まっています。

野党5党と市民連合は、11の1人区と自民党が議席を独占している2人区で、市民と野党の統一候補を擁立し、与野党議席の逆転めざして、「市民連合@新潟」が中心になり、「バランスの取れた県議会を実現する県民の会」を立ち上げ、23日には共通政策と推薦候補の発表を予定しています。地区内では、定数1の南区で自民党の現職にたいし市民連合の磯貝順子氏を市民と野党の共闘の候補として勝利をめざしています。「自民・公明とその補完勢力」対「市民と野党の共闘」、「原発再稼働推進の議員」対「原発再稼働中止・原発ゼロ」の対決構図を全県規模で鮮明にすることができれば、勝利・躍進を勝ち取ることができます。全県で野党共闘に全力を尽くす日本共産党の県議5議席は、共闘前進の大きな力になることは間違いありません。

一方で、選挙戦の厳しさと前進・躍進のチャンスをつかむことが重要です。今回の選挙戦の出発点は17年総選挙の比例票です。東区も西区も比例票の2倍以上が必要です。東区では「渋谷県議を落とす」と公言し、東北電力が旧民進系の新人候補を擁立しています。東区はもともと、新潟市全域の電気工事関連会社に支持依頼が来ています。

政令市では、公明党が東区の現職市議をわざわざおろして、中央区で初の2議席をめざして、全国からも議員を動員し支持拡大を進めています。

党への期待、前進・躍進のチャンスも大きく広がっています。東区の対話では「県議選で立候補するのは自民党、もう一人は東北電力が押しています。2人とも再稼働推進の立場だ」と原発再稼働中止を訴える日本共産党の訴えに、「2人とも原発推進とは知らなかった」「原発はダメ。わかりました」「野党もっと頑張れ」など、対話すればするほどいくらでも広がる条件があります。

西区では党派を超えて、武田勝利候補を応援する1000人アピール運動に取り組んでいます。初めは、「こんなにいっぱい集まるんだろうか」ということで疑心暗鬼や躊躇もありました。しかし、やり始めたら元県職の幹部の方は「こういうのを待っていた。何かしないとだめだと思っていた。喜んで妻と一緒に名前を出してください。その証拠に千円のカンパを一緒に」と添えてくれました。別の方は「これはまるで支持拡大カードと同じだな」とサインしてくれています。

支部と党員は「今取り組んでいるこの1000人アピールはいい」と、早い段階から対話・支持を始められると好評です。

いよいよ決戦の時です。最高齢80歳、渋谷県議は年齢だけでなく、選挙活動でも先頭に立っています。1月に入ってからの街頭宣伝はもう年齢を超えて、200カ所になり1日50カ所の宣伝を13日に行いました。最も若い候補は31歳で孫の世代です。こうしたバラエティ豊かな候補者を先頭に、党の自力をつけながら、地区の議席獲得目標、県議2人、政令市議8人の全員勝利とともに、来るべき参院選で6万の得票目標の達成に全力で取り組むことを表明します。

要求運動で生まれているチャンス生かし、選挙の中でこそ法則的党活動を

兵庫・東灘・灘・中央地区委員長　竹田　雅洋

私は、選挙の中でこそ法則的活動をといわれた報告の点を深めて発言したいと思います。27回大会決定は真っ黒にはなっていないですけれど、一応ボロボロになるまで読みすすめてきています。この間、取り組んできて思うのは、「大会決定を実践すればできる」という確信です。昨日「新春の集い」があり、1人党員を迎えております。これで１１１カ月連続の党員拡大が実現できました。あと9カ月で10年連続の党員拡大になります。今大会期では１０８人の党員を増やし、大会後の成果支部は50％を突破しました。

この間、党員拡大の努力を粘り強く、行政区（補助指導機関）の活動強化でとりくんでいるところですが、大会決定を受けて私自身が深めた点、実践してきたのは「生きた目標にしよう」という点をどう具体化するかです。

得票目標自体は、「８５０万」との関係で計算できるけれど、それで生きた目標になるのか？　支部もそれぞれ掲げているけど、生きた目標かと言われたら、何をこれ以上どう議論するんだというのが、最初の段階ではありました。自分自身も、大会決定をうけて、大志とロマンある生きた目標にしようと言われて、さあどうするか、具体的に考えなければと思い、「得票目標を実現するには何を行うのか」というプロセスを明確にしていく必要があると考えました。うちの地区委員会は何が足りないかというと、得票目標に見合うだけの名簿がない。どれだけ頑張っても得票目標に見合う票を読むことができない。この問題を解決しない限り、いつまでたっても空中戦を展開するしかないのではないか。そこで、名簿と地図にもとづく活動をやろうということを、大会を受けて実践してきました。

いろいろ道半ばではあるのですが、こつこつと「つながりを生きたものにしよう」「後援会・読者を増やそう」と実践する支部も出てきて、９００だった名簿をこの間の努力で２４００まで増やす支部が出てくる。地区全体も名簿にもとづいて訪問して、得票目標を積み上げてさらにそれを広げていくということが共通の認識になってきたかなと、自分のなかでは少し確信になっていることです。

もう一つは「楽しく元気の出る支部会議」の問題です。これが提起されて、支部長会議でも議論し、地区全体で交流会も2回ほど開いてきました。みなさんに「支部会議は楽しいですか」と聞くと苦笑いされる方が最初は多かったです。実際に支部長さんに意見を聞けば、「発言がなかったり、特に党勢拡大の議題になると話が出ない」「楽しくない人もいるんじゃないか」と支部長自身も自信がないような問題でした。しかしこれも大会決定にわざわざ「楽しく元気の出る支部会議」が提起されているので、これを実践していったらどうかということで、

「政策と計画」を重視し、四つの提起を一個ずつ具体化しようとやってみました。

変化が出たのは、要求実現運動でした。地区内には神鋼石炭火力発電所があり、安倍首相の出身企業ですが、住宅地からわずか400メートルという距離にある世界でもここにしかない石炭火力発電所があります。今、増設計画があり、裁判闘争が行われています。この前はタイからの取材もきており、世界からも注目されています。粘り強い活動が住民闘争、裁判となって変化を生んでいる。この住民運動のなかで新しい党員を迎えています。

もう一つは、5中総で統一地方選挙を安倍政権の地方壊しに自治体がどうたたかうのかということが大争点として提起され、この地方政治壊しが神戸市政ではどういうふうに出ているかということです。国がすすめている立地適正化計画の神戸版である都市空間向上計画がありまず。これは人口減少社会のもとで、多国籍企業・大企業のもうけを最優先にしながら地域を切り捨てようという計画ですけれど、この計画の中で、郊外ニュータウンの地域の会館が切り捨てられようとしていました。当初は廃止だったのを撤回させて、中心地に移転させるということが地域ぐるみの運動になりました。この運動の中で新しい党員が入ってきましたが、いわゆる保守層の方や官製団体の中心を担っていた方でした。「家で会議やるんですか。きちっと会館を借りて看板をかけてやるべきじゃないか」というなど、そういう方も入ってきています。

要求運動を通じて党がこれまで手が届かなかった保守層に手が届くようになってきている、この支部が住民運動を通じて有権者比0.5%の党をつくっています。それで地域要求を実現できる変化も生まれています。

さらに、小学校の過密化問題です。どんどん統廃合がすすんでくる中で、大変になってきているなかを、住民の方と議員が取り上げて、予算をかちとって新しい校舎を実現する。国道の歩道橋にエレベーターをつくろうという運動も、地元の保守の方を呼びかけ人にして地域運動として発展してきています。年末に味口市議が自治会長を訪ねたところ「よう来てくれはったな。私、怒ってまんねん」と言うんです。味口市議が「僕、何か悪いことしましたか」と聞くと、「怒っているのは創価学会員や。『この署名は共産党が音頭を取っているから署名できん』と学会員が断ったから『そんなこと言うてるからあんたら嫌われるんや。エレベーターつくるのに共産党も公明党もあるんかいな』と私は怒ったんだ」と、その方は喜んで「赤旗」もとってくれました。

要求実現運動が大きな力となって、党勢拡大の力となってきているというのが、この間、私がとりくんで、大会決定がボロボロになるまで実践して得た結果かな、というところです。以上です、ありがとうございます。

党員拡大を根幹にした支部づくりで、初の複数議席に挑戦

三重・南部地区委員長　谷中　三好

地区では12ある自治体の中で統一地方選挙をたたかうのは後半戦の鳥羽市の一市だけです。まずその鳥羽市議選ですが、定数14にたいして2人の候補者を立ててたたかいます。鳥羽市では定数19でたたかった20年前に複数議席に挑戦したことが一度だけありますが、今回はそれ以来の挑戦です。

今回、再び複数議席に挑戦できるのは、この間の一貫した党員拡大を根幹とした党づくりへの努力があったからです。党員は、20年前の7倍へ発展させ、有権者比でも0・45％というところまできました。このうち4年前の市議選以降に迎えた党員は39人で、前回地方選挙時を大きく超えています。読者も昨年末に鳥羽で初めて日曜版で有権者比1％を突破し、日刊紙も日曜版も前回地方選挙時比で１１６％となっています。

鳥羽支部での党員拡大の前進は、視野を広げ、常日ごろから、「あの人にはぜひ仲間になってもらいたい」との意識で、まわりの人と接し、党員拡大を日常不断に取り組んできたところにあります。また、迎えた党員の一人ひとりにたいして歓迎会では花束を渡し、新入党員教育では、釣り好きの党員がその日の朝、自分が所有する船を出して、鳥羽の海で魚を釣り、刺身にしてふるまうということを行ってきました。そして全党員に対して10人の支部指導部メンバーによる連絡網が確立されていることも、あたたかい支部づくりの大きな力となっています。

支部は青年班に続き、この4年間で子育て世代の班もつくり、世代的継承の努力・発展にも力を注いできました。特に9人いる青年班は、今度の選挙戦でも率先して、鳥羽市にある険しい坂道だらけの四つの離島へのビラ配布や、また日刊紙配達コースのうちの一つを担うなど、いまや支部活動にとって欠かせない存在であり、支部のムードメーカーの役割も果たしています。

支部指導部では、こんどの市議選はこの間の党づくりの集大成だと言っています。市議選での「必勝作戦」は当初は告示日である4月14日を投票日と見立てて考えていました。

党旗びらきで3月1日を投票日と見立ててという提起がされ、選対では当初、「あまりにも早すぎる。一つの通過点として考えればいいのではないか」という思いもありました。しかし、本番になってから本格化するというわが党の選挙活動の現状を抜本的に変えることが、選挙勝利にとってどうしても必要不可欠との指摘や、なにより今回のたたかいは２０１７年10月の総選挙で獲得した比例票がベースになるということを考えれば、4月14日を投票日と見立ててという取り組みでは、共倒れの危険性すらあるという認識に立つことが大切だという議論もしました。

「必勝作戦」とは必ず勝てるという作戦であり、「3月1日という今回の提起はすごい。問題は本当に作戦通りにやりきること。やりきれば、必ず勝てる」と議論が進み、選対は一気に腹を固めました。「必勝作戦」の具体化について話し合っていた時、2月23日に井上さとし参議院議員が鳥羽に入るとの連絡が入りました。鳥羽では市議選前に国会議員を迎えて演説会を開くのは、今回が初めてで、選対会議では『「必勝作戦」成功への最高のプレゼント」と大いに盛り上がりました。演説会成功にむけて、宣伝でも対話・支持拡大でも一気に目標をやり抜いていくこと、党勢拡大では前回参議院選挙時比3割増をやりきって3月1日を迎えることを決めました。「必勝作戦」を必ずやり切り、市議選を勝ち抜きたいと思います。

いっぽう地区では、統一地方選挙をたたかうのは、この鳥羽市だけであり、その他の11の自治体が参議院選挙にむけて一気に立ち上がりをつくるということは、地区にとっては極めて重要な課題となります。比例得票目標をもった支部は、現在94％ですが、支部の取り組みには大きな違いが生まれています。

違いは比例目標をもっていても、目標をやりきる立場で具体化し実際に足を踏み出しているかどうかであります。

統一地方選挙をたたかわない南勢支部は、昨年の10月、5中総決定をうけて、比例得票目標である20％が町議選では獲得できるのに、比例では半分しか入らないという状況をどう打開するか話し合いました。町議選では早い時期から取り組み、全有権者規模の対話活動を行うけど、国政選挙では取り組みが遅いために、支持者の範囲にとどまってしまうということが、反省点として話し合われました。そこで支部では、11月から毎週一回土曜日に18ある全集落で「集い」を開くことを決め、「集い」にむけて、全戸に案内ビラを配布しながら対話活動を行っていくことを決めました。昨日までに約半分の集落で「集い」を取り組み、3月中には全支部での「集い」と1回目の全戸訪問を終える計画です。

「集い」では「共産党が政権を取ったら天皇制はどうするのか」「資本主義はやめるのか」「自衛隊は?」などたくさんの質問が出され、夜7時から9時の予定で行う「集い」がいつも時間オーバーになり、夜の11時半まで続いた時もあります。「集い」を終え、知っている参加者から「共産党って怖い党やなかったんやな」と言われ、こちらもびっくりするということもありました。支部では、「なぜ比例票が半分しか入らなかったのか、『集い』に取り組んでよくわかった」という声が出されています。当初は案内ビラをポストに入れるだけの党員も、「集い」に5回、6回、7回と自ら参加する中で、今では行動に参加する全党員が対話をしながら案内ビラを渡すように変わってきています。

そういう支部もある一方で、多くの支部では比例目標は決めていてもまだ具体化が進んでいないというのが率直な現状です。1月22日告示で目前に迫った紀宝町議選と、統一地方選挙での鳥羽市議選での勝利を必ず勝ち取るとともに、他の自治体も直ちに参議院選挙勝利にむけて本格的な活動となるように全力をあげ、今年を安倍政治サヨナラの年にするため、私自身奮闘する決意を述べて発言とします。

「必勝作戦」やりぬき、地区党の歴史的使命はたす決意

徳島・徳島地区委員長　久保　孝之

きょうの報告を正面から受けとめ、県議選は徳島選挙区で現有2議席の絶対確保、新しく板野選挙区で議席獲得、後半戦では徳島市の5議席、北島町の議席確保の決意を込めて発言します。

まず、統一地方選挙と参議院選挙の歴史的意義、日本の命運がかかった一大政治戦であることです。12月に「県民アンケート」を配布し、いま返信されてきています。共産党への意見では、野党共闘への期待の声が多いのが特徴です。例えば「なんとか野党が力を合わせて共闘して、安倍一強体制を終わりにしてほしい」という声や、「他党派とも一致点で協力する姿勢に懐の深さと、未来像を持つ党だからこその理性的な力強さを強く感じます」、こうした意見がたくさん寄せられています。共闘への期待は徳島でもあふれています。

徳島・高知選挙区では、市民団体と野党が協議を重ねています。共産党候補でたたかおうと提起しています。「共産党候補では勝てない」といった考えが根強くあります。共闘を成功させるには、こうした考えを払しょくするために、統一地方選挙でのわが党の躍進がどうしても必要です。

徳島県では、県議選挙で徳島選挙区の山田県議、上村県議の2議席、阿南選挙区で達田県議の議席、現有3議席を必ず確保し、新たに板野選挙区の高原候補で新しく挑戦、4議席に躍進することが、共闘を成功させ参議院選挙勝利への道になります。徳島地区は、徳島選挙区と板野選挙区を抱えています。徳島地区の奮闘は、日本の命運を左右します。この歴史的意義を全党に広げて、決起を広げたいと思います。

次に、厳しさを直視しつつチャンスを攻勢的かつ手堅く生かすことです。２０１７年10月の衆議院選挙比例票は、徳島選挙区では７７６７票で、県議1議席分の票しかありません。それがスタートで、徳島市では、得票率17％に当たる1万８０００をめざす。その過程にあるのが統一地方選挙です。立候補状況は、定数10を12人で争う大激戦。さらに前回は、山田県議が9位、上村県議が10位と最下位に並んでいました。前回と同じ活動では現有2議席確保は容易ならざる事態、前回の取り組みを上回る1月、2月の大奮闘が勝利への展望を切り開くということを、全党と後援会員に知らせ、構えを確立することが第一に必要だと思います。

もう一つは、躍進と飛躍の可能性、チャンスを生かすことです。安倍政権への怒り、とりわけ消費税増税への怒りが広がっています。「県民アンケート」でも消費税10％増税について、「中止を求める人」は43・2％、「引き下げを求める人」は16・3％、合わせて59・5％、約6割の人が反対です。「しかたがない」は28・6％、「賛成」はわずか5％でした。活動の中でも、消費税10％中止を求める署名で回ると、

「訪問先すべてで署名してくれた」、こうした経験が数多く報告されています。

また、党県議団の実績も輝いています。子どもの医療費無料化制度は、全県で「中学卒業まで」助成が実現しました。木造住宅の耐震改修の助成額の上限を60万円から110万円に引き上げさせました。知事による県政の私物化、〝モリカケ疑惑の徳島版〟ともいえる記念オーケストラ事業の疑惑解明を徹底して追及してきました。党県議団の値打ちと役割を有権者に訴えきれれば、必ず大きな支持の広がりをつくりだすことができると確信するものです。

最後に3月1日を投票日に見立てた「必勝作戦」をどうやりきるかです。

第1は、歴史的意義と、厳しさとチャンスを党員や後援会員に一気に徹底していくことです。党と後援会の全県決起集会、事務所びらきと相次いで決起の場がもたれます。一つひとつ成功させること、支部会議を大事にし、全党員、後援会員の決起を作り出します。

第2は、選対をはじめ臨戦態勢の確立・強化です。地区では常任委員会に退職した同志を加えて体制を強化し、昨年の「特別月間」から県議活動地域ごとに週一回、県・地区役員の結集会議をしてきました。さらに、元地区委員長や元議員など、ベテラン党員にも加わってもらい県議選対へと発展させています。一層の体制強化が必要です。

第3は、取り組みは遅れていますが、打開を図り、「必勝作戦」をやりぬきます。街頭演説は40世帯に1回を目安に、候補者、支部、選対で目標を持ちとりくんでいきます。支持拡大は、協力依頼を重視し、後援会員訪問でも、電話作戦でも、マイ名簿でも、「広げてください」と訴えることを重視してまいります。党勢拡大では、この間、「赤旗」拡大は地区も県も9カ月連続で前進、日曜版は通年で前進させてきました。引き続きこの間の教訓を生かして、選挙型の党勢拡大をすすめること、県・地区が必ず前回時回復をさせる構えを確立し、知恵と力を尽くしてまいります。

第4は、2月10日の市田副委員長を迎えての演説会を最大の節目として成功させることです。1200人を目標にバス22台を配置し構えています。

全党のみなさんと心一つに、現有議席の絶対確保、前進を成し遂げ、参議院選挙勝利へ一日一日を大切にし、全力を尽くす決意を述べて発言を終わります。

党員拡大を根幹に、党勢拡大で強く大きな党づくりへ挑戦

大阪・堺地区委員長　田中　浩美

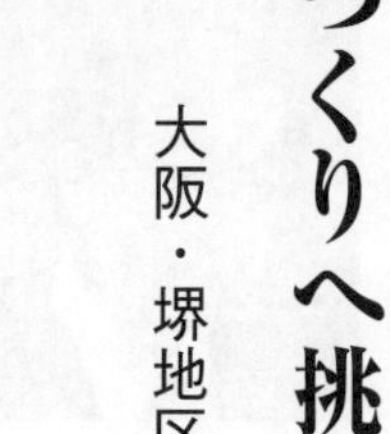

堺地区はこの13日に地区党会議を行いました。その党会議を準備するなかで、党旗びらきで志位委員長が呼びかけた〝今年を安倍政権の最後の年、安倍政治サヨナラの年にしよう〟は今年の最大の政治目標であり、そこから見て、目前に迫った連続選挙の最初の関門である統一

地方選挙勝利をめざす活動が、本当にそれにふさわしいものになっているのかを、改めて考えさせられました。

維新と公明党の大阪都構想・住民投票の「密約」暴露によって端を発した問題については、柳府委員長から詳しく報告があったので端折りますが、維新や公明党の府民・市民不在の大変古い政治、身勝手な政治に、住民の皆さんの怒りは日々大きくなっています。

堺は2度の市長選で維新を打ち破るなど、大阪における反維新のたたかいの拠り所となってきました。また、市民と野党の共闘では、党員が積極的に参加する「堺からのアピールの会」は、わが党の辰巳参院議員、立憲民主党の森山衆院議員を招いての「国会カフェ」をはじめ、主要な駅での「国会パブリックビューイング（街頭テレビ会）」、「経済政策学習会」などを継続的に行い、また、辺野古の問題についての意見書の採択を求める請願署名にとりくみ、政令市の市議会で初めて「国と沖縄県との誠実な対話を求める意見書」が採択されるなど、地方政治における市民と野党の共闘の前進をつくってきています。もし、統一地方選挙と府知事・大阪市長選のダブル選挙になるならば、この間の市民と野党の共闘や「反維新」の共同の前進を力に、必ず勝利することをめざして頑張ります。

同時に、ダブル選挙の様子見になることなく、目前に迫った統一地方選挙勝利をめざし、「二つの構えを一体に貫く」ことに性根をすえて、3月1日を投票日に見立てて、堺で7万5000票・20％の得票、府会議席の獲得と市会6議席絶対確保とそれ以上の獲得をめざし、やるべきことをやりぬこうと地区党会議でも確認したところです。

堺でも各党は、統一地方選挙を参議院選挙の前哨戦と位置づけ、市議選では、維新は前回より各選挙区に候補者を増やし、立憲民主は公認候補を増やし単独会派づくりをねらい、自民党は無所属の現市議会議長を候補者に抱き込み、公明党は維新との「密約」を反故《ほご》にした印象の悪さに危機感を持ち、府・市議選は、ダブル選がらみでより一層厳しく文字通り現有議席の確保自体が容易ならざるという激しいたたかいとなっています。そうしたなかで、「とにかく市会さえ当選させれば」「まずは統一地方選挙だ」と活動の視野が狭くなり、そのことが12月の党勢拡大に表れた選挙区も出てきたと思っています。

堺地区は、昨年の「特別月間」では89人の新しい党員を迎え、前回参議院選挙時を突破しました。前回の地区党会議からこの1年間で126人の新入党員を迎えました。機関紙でも、3割の支部で前回参院選時の回復を果たし、改めて3割増への挑戦が始まっています。

しかし12月は、地区全体で党員拡大は5人にとどまり、日刊紙マイナス3部、日曜版マイナス19部となりました。前回地方選挙時比でも日刊紙89・0％、日曜版86・3％の到達でしかありません。そのなかでも、市会の2議席奪還をめざす堺区は、党員2人、日刊紙プラス1部、日曜版プラス30部の前進をつくりました。

堺区は、2人目の候補者決定がなかなかすすまず、行政区の中でも「早く決めな他党に負けるで」「もう決まらんのなら候補者1人でいいのでは」という声もありました。しかし、堺区の選考委員会では「維新や自民も議席増を狙って2人目、3人目を擁立するなかで、共産党のなくした議席を他党に渡すわけにはいかない」「勝ちに行く選挙にしないと、たとえ候補者1人でも議席はとれない」「厳しい選挙やからこそ、2人目をなんとしても擁立して勝ち抜くため、党員・機関紙拡大を握って離さず頑張ろう」となり、年末最後まで「何としても入党者を」と奮闘し、一人の80代の女性に入党していただくことになりました。

東区では、地区役員が「党勢がマイナスで新年を迎えるわけにはいかない」、「来年の選挙は他党も乱立の様相。勝ち抜くためにも、年末ぎりぎりまで頑張ろう」と12月の29日から連続行動を地区役員と乾市議とのセットで取り組みました。そのなかで、党員1人、日刊紙1部、日曜版12部を増やし、増勢で新年を迎えることができました。また、北区でも増勢となりました。五ヶ荘支部は、前回の統一地方選の直前に支部が結成され、いまの支部長になってから「集い」を軸にした取り組みを常に頑張ってきました。党員自身も楽しく、支部の活動に参加できる取り組みに力を注いできました。一人ひとりの党員に光をあてて、「得意なこと」で支部活動に参加できるようにしているなか、「集い」では党員も対象者と一緒に、「気軽に政治のことをおしゃべりする場」となって、入党者も馴染みやすい支部になっています。

激動する情勢のもとで、日本共産党が果たしている政治的役割は非常に大きく、多くの人々から強い期待と信頼が寄せられています。しかし、それに対してわが党の自力が量的にも質的にも追いついていないなかで、日本の新しい政治をひらくために、堺地区でも党の力をつけ、強大な党を建設することが喫緊の課題です。党員拡大なしに、大きな党をつくることはできません。このことを正面にすえ、堺地区は、党勢拡大の根幹である党員拡大を本格的に取り組んで8年半、一進一退を繰り返しながら、あきらめず、「相手を政治を変える主役としてリスペクトし、その思いをよく聞くこと」で入党の可能性を広げてきました。しかし、死亡や離党もあり、有権者比0・5%の党員をめざして奮闘してきましたが、「党勢倍加」と「世代的継承」という目標にむけては、新たな努力が必要です。

このなかで、一方では党員拡大ゼロ、日刊紙も日曜版も後退させた選挙区もあります。こうしたアンバランスに、統一地方選挙は、府政・市政にとどまらず、参院選で日本の政治の進路に大きな影響を及ぼす政治戦という意義をしっかりつかみ、やるべきことをやりぬくという点の理解と徹底に不十分さがあったと痛感しています。

堺では、「消費税10%中止」、「安倍改憲阻止」「カジノはいらない」など、一致点での共同を広げる宣伝・署名活動、昨年の「集い」経験交流集会でも発言させていただいた「集い」の開催や「まちかどトーク」などをしっかりやって、①いかに広い層と対話し、入党や「赤旗」購読、党と候補者への支持を働きかけるのか、②それをいかに全支部・全党員による全党運動にするのか、③読者、支持者、後援会員の協力をどう広げるのか、④常に、党員拡大を中心とした党勢拡大を追求することの四つの点を貫く努力をしてきました。いま、その一つひとつを丁寧に、3月1日までにやるべきことをやりぬく、本格的軌道に乗せることを頑張ってやっていきたいと思います。府会議席の獲得、市会議席の前進で、最初の関門突破に全力を尽くすことを表明しまして、発言とします。

選挙必勝へ、党員拡大を突破口に困難打開を！

北海道・苫小牧地区委員長　西　敏彦

胆振《いぶり》東部地震の被災に対して中央委員会をはじめ各国会議員のみなさん、そして全国から支援や激励をいただき本当にありがとうございます。苫小牧地区は1市4町で構成されています。その3町で甚大な被害に見舞われました。本当に心身ともに疲れました。しかし、みなさんのご支援、激励が大きな支えとなりました。まだまだ復興中ではありますが、この場を借りて心からの感謝を申し上げます。

第27回党大会第5章28項、先ほど旭川の石田委員長も真っ黒になるほど勉強したといっていました。私は、真っ赤になるくらい学びました。その中で四つある全国の地区委員会の教訓の中で、3番目の「支部に出かけ、支部から学び、一緒に知恵と力をつくすリーダーシップが発揮されている」、4番目の「地区常任委員会、非常勤を含む地区委員のチームワークが発揮されている」はすんなりと入ってきました。『わが地区をこう変える』という大志とロマンある生きた目標をみんなのものに」と、2番目の「決めた目標を何があっても中断せず、一貫性と系統性をもって追求している」、を重視しました。

850万票・15%以上、北海道では50万票・18%以上です。それに見合った苫小牧地区の得票目標は、2万6千票・18%と機関では決めました。しかし、なかなか支部のものにならず苦労しました。何回も議論を重ね、参議院選挙勝利、そして統一地方選挙で定数3の道議選で松橋ちはる候補を初めて道議会に送ることを徹底して説いてきました。それで各支部の得票目標も2万6千票・18%に見合った得票目標になってきました。

その実現のために、党員拡大を根幹とした党勢拡大で前進を勝ち取ろうとなりました。そのための推進軸は「集い」だということです。東京都議選の応援に行った市議が非常に燃えて帰ってきました。「都議選はすごいたたかいだった。全国からの応援もすごい。地元のみなさんの頑張りもすごい。苫小牧に帰ってきてオレは頑張らなきゃいけないんだ」と先頭に立ち、支部とともに「集い」をどんどん開いていきました。一気に11人の入党者を迎えることとなりました。この先進的な教訓に学ぼうと、次つぎと「集い」で入党者が相次ぎ、7月の1カ月で30人が入党しました。成果支部は23・4%、大会後は64%の成果でした。

同時に取り組んだのは、選挙勝利のためには支部長不在など、いわゆる困難を抱えた支部を放置してはいけないということです。常任委員会、議員、機関役員が率先して支部に出かけ、一緒に知恵と力を尽くすことに執念を持って取り組んできました。その一つが今日、志位委員長に報告していただいた支部です。他に結果が出ている支部、いわゆる高層住宅を抱えた公営住宅も同様に選挙戦の穴を埋めようと党員拡大で奮闘してきました。

この勢いは2018年に入っても続き、49人の入党者を迎え、7月の市議補欠選挙で大きな力を発揮することになりました。定数2に対し5人が立候補し、マスコミ各社は「自民、立憲候補者が有利」と報道する中で、私たちは、カジノ誘致を大争点にして「福祉、医療、暮らし充実を」との政策を押し出し、報道関係が行った有権者の世論調査の結果と合致することとなりました。さらには6月から投票日までに30回を超す小集会、演説会を開催し、きめ細かく候補と政策を訴えつくし、見事に自民党候補を大きく引き離して当選を勝ち取りました。19年ぶりの5人の市議団誕生です。

この選挙では、自民党の女性部長である病院長の夫人から電話をいただきました。「カジノは絶対にダメ。共産党の原候補の訴えは私の心を打ちました」と支持を表明するなど、他党派、そして無党派層にどんどん広がっていきました。12月の議会では、社会保障推進協議会から出された訪問介護の生活援助の月回数制限をしないようにとの要望書を本会議で14対13の1票差で可決することができました。安倍政治、高橋北海道政と同じラインの苫小牧市長の驚きようは話題となりました。この市長は今、カジノ誘致に熱中しています。市議団とは非常にいい関係ですが、IR、カジノに関しては市議団への敵意むき出しです。

党員拡大は前回参院選時比でプラス52ですから、3割増に攻勢的に挑戦していきたいと思います。

地区は、世代的継承にも特別に力を入れています。白老町で33歳の青年、安平町では39歳の女性に移住してもらい現在町議で頑張っていただいています。地方選挙では道議選で36歳の松橋ちはる候補を必ず定数3で勝利させます。市議選では26歳の若い専従者を候補者としました。ここで5人の市議団の再選を勝ち取り、地区委員会の合言葉である「元気に明るく楽しい活動」で必ず参議院選挙に向けて勢いをつくって奮闘する決意です。

値打ち輝く県会・市会の議席守り抜くため「必勝作戦」に全力

愛知・名古屋東・北・西・中地区委員長　大野　宙光

前回の選挙で県議を1議席とり、12年振りに空白克服しました。市会の議席も2から3議席へと前進させ、今度の選挙はこの躍進した4議席が、絶対守らなければならない政治目標です。

空白克服したことによって県議会が大きく変わりました。それまで12年間空白だったため、「オール与党」でやりたい放題の議会でした。愛知は東京に次いで財政力が2番目に豊かな県ですが、そのお金が全部トヨタや三菱重工などの大企業に使われ、47都道府県で一人当たりの教育費はほぼ最下位、中学や高校に至っては文字通りの最下位という状況です。

こうした状況の中で、例えば特別支援学校のエアコンの設置を県が計画的にやるといっていましたが、１０００教室のうち、毎年10教室ずつなので１００年かかります。１００年のうちに故障もするでしょうから、永遠に全教室に配置ができない計画になっていました。これを復活した県議団が取り上げて、本村衆議院議員とも連携し、３年で全教室に設置させるということを勝ち取りました。そして、この夏の猛暑の中のたたかいで2年に前倒ししてやることを約束させました。１０２議席の中のたったの２議席ですが、共産党の県議が復活したことで県政を動かす大きな成果を上げています。

また、名古屋市議団は12議席に大躍進し、共産党が第3党に躍進したことで市政が大きく動いています。例えば、いま焦点になっているのが敬老パスです。65歳以上は市営地下鉄、バスが全部乗り放題ですが、これをＪＲや名鉄などの私鉄にも拡大することの現実的な展望が開かれてきました。日本共産党の議席が市民の願い、県民の願いを実現するうえで大きな役割を果たすことが実感されています。

こういうなかで、明後日告示、2月3日投票で県知事選があります。愛知の場合は知事選、地方選、参院選と三つの連続選挙をたたかうことになります。実は、この県知事選で県立学校のトイレが大変汚いということを県知事候補がネットで拡散したところ、12月6日に突然、愛知県知事が５３００基ある県立学校のトイレを5年間で全部洋式化することを発表しました。立候補表明しただけで、トイレが全部きれいになるという成果もあげています。これはおそらく、県議団の復活が大きな力になっています。実は、わしの県議が当選して最初に取り上げたのが県立学校の老朽化問題で、毎回のように議会で取り上げてきました。選挙が近くなったので、8年もこんな汚いトイレを放っておいたのかといわれるのが嫌で嫌で、そういう成果を上げることにつながりました。

こうした党県議団、市議団の値打ちを大いに訴えて必ず勝利を勝ち取りたい。同時に、日本共産党シフトも厳しいものがあります。名古屋市議会では躍進した日本共産党市議団の議席を何とか減らしたいと、七つも定数を削減するということが強行されました。私が責任を持つ西区でも定数が5から4に減らされ、現職5人が定数4を争う大激戦の選挙になっています。現有議席を維持すること自体が大変厳しい選挙になることは間違いありません。

同時にこの間の努力を通じて、様々な条件・可能性も広がっています。市民と野党の共闘の広がりの中で、一昨年の総選挙では私自身が立候補を取り下げ、立憲民主の候補者を応援しました。そういう中で党に対する期待と共感が大きく広がり、例えば、市民と野党の共闘の共同の行動の中で結びついた宗教者が入党するという経験もつくられました。また、西区でも野党共闘を通じて結びついた牧師さんが、最初は戦争法廃止の共同から始まったものが、「演説会で応援をしたい」と自ら申し出ていただきました。共闘を通じて、日本共産党への期待と信頼が大きく高まっています。市民グループの方々も積極的に共産党の演説会に来てくださって、党を応援するスピーチをするような関係が広がっています。

また、要求実現の様々な取り組みの中で党への信頼が党派を超えて広がって、「やっぱり共産党の議席を増やさなければならない」という声が広がっています。定数3で前回29票差で勝利を勝ち取った西山あさみ市議は、持ち前の行動力から様々な保守層のところにも、どんどん入り込んでいって、共同と対話を広げています。こういう取り組みを通じて、保守層の中から「いま自民党がこういう動きをやっている」とか、「あそこの動きに対抗するためにこういうことやってほしい」など、保守の重鎮とされる方々から共産党の選挙に対していろいろアドバイスをもらうという関係も生まれています。

こういう条件・可能性を全部汲みつくしてた

たかえば、選挙で勝利することは可能だと確信しています。この間の努力の中で、報告にもありましたが、様々な困難は党員を増やして打開していくということで、昨年の「特別月間」の提起もあり、昨年の通算で18人の党員を純増させることができました。まだ、日刊紙も日曜版も昨年1年間で後退させているので、党員拡大を軸にしながら読者拡大でも必ず前進をつくり、3月1日の期限までに前回選挙時の回復をめざします。

また、提起された、新歓運動の中で選挙戦を位置づけるという問題も、先ほど紹介した県立学校のトイレの改修問題は県立学校門前でビラをつくって配布してきました。様々な新歓の取り組みの中で日本共産党の政策や路線を大いに訴えて、支持を広げる活動を行うことが、学生新歓の取り組みと相乗効果を発揮します。例えば、県知事選でくれまつ候補に入れた新入生や、地方選で「共産党に入れた」という新入生は、民青に加盟する可能性がおおいにある新入生でしょう。選挙戦と一体に学生新歓の取り組みも大いに広げて、世代継承の取り組みでも成果を上げたという選挙にしたいと思います。

今どこに行っても「安倍さん何とかしてくれ」という声が国民の中から噴き出しています。そして、「共産党に頑張ってほしい」という声が寄せられます。この期待に応え、責任を果たすために全力を挙げて頑張る決意です。

綱領で党をつくり、自民党に勝つ

京都・南地区委員長　河合　秀和

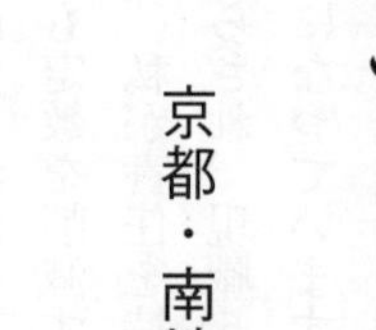

南地区の政治目標は、とりわけ下京の府会選挙（定数２）で８期連続の勝利を勝ち取ることと、また南区の市会（定数５）で複数の勝利を連続して勝ち取ることなど、高い政治目標であると同時に、これをやらなければ京都府党は、府議会で史上最高の議席、市会で自民党を抜いて第一党を実現することはできません。そのために全力をあげて奮闘する決意です。

同時に南地区の組織的な困難の広がりの中で、前回の選挙の時には常勤の常任委員は３人でしたが、現在は地区委員長１人という状況となっています。したがって、いかに地区党が持っている潜在力を引き出して勝利するかが最大の問題だと考え、着任以降、全党を綱領でつくりかえること、そして、大学のない地区委員会なので民青高校生班の組織建設をやって未来に発展する党をつくる、この二つの死活問題に取り組んできました。

地区党学校の綱領を受講してもらう、２割、３割の党員の受講をめざしてやってきたわけです。まず何より地区委員、支部長の方が受講して、支部にもそれを広げることを重視してやってきました。とくに私が、最初の地区党学校で痛感したのは、党歴が50年ある方が党綱領を本格的に学んだのは初めてだとおっしゃった。こういう方々がたくさんいることがわかって、地区党の責任を痛感すると同時に、綱領が全党に徹底されれば大きな潜在力を発揮できることも痛感したわけであります。現在、地区の常任委員会、地区委員会では、「職場の対策は党綱領だ。優先的に党綱領をやったら職場支部が変わってくる」「若者もまずは党綱領だ」、また「選挙中も党綱領だ」という声が広がっていることは大変重要な成果であるし、このことを続けていきたいと考えています。

「必勝作戦」をどうやるかです。何よりも2月1日、小池書記局長を迎えた大演説会で文字通り諸課題を達成していくことだと思います。支持拡大の遅れを打開するために、思い切った電話作戦も提起してやろうとしています。19日には3000本の電話作戦を提起して、これは相当歓迎されています。いま対話・支持拡大は読者・後援会員の範囲にとどまっていて、全有権者、広い有権者に向かって働きかけることがたいへん弱くなっています。ここを打開する提起として積極的に歓迎されています。

同時に、得票目標を96%の支部で決めてきましたが、対話・支持拡大の運動量は目減りすると思います。職場の党員が多く退職して、普通にやっていけばこの運動量は減る、したがって、党を語る力を主体的につけることなしに、支持拡大の前進をつくることはできない。選挙中も党綱領を徹底して、語る力をつけながら支持拡大に向かっていくことが大事だし、そして何よりも党綱領を学び、党員の決起、党らしい決起を勝ちとっていくことが、支持を広げていく主体的条件になっていくと思います。まとまって地区党学校に出たある支部は、支部会議の内容がまったく変わってしまった。軍事費や基地の問題など議論が噴出し、党が伸びなければならないということが政治討議として大いに交わされる状況が生まれました。「段取り会議」から支部の様子が変わったと報告しています。

私たち11月にすべての支部が支持拡大に取り組むために得票目標を1カ月で全支部が決めようと努力してきましたが、得票目標の確立の過程でも、まずは綱領をやって、綱領を学んだ支部が立ち上がって得票目標を確立するという流れがつくられました。得票目標を決める過程でも分野別の党綱領の学校が非常に大きな力になったと思います。

もう一つは党勢拡大の前回時回復に挑戦する問題です。特にこの点では日刊紙の拡大をまずやり遂げたいと思います。先月44人の日刊紙の購読申し込みがありました。日曜版の長い読者が併読に応じてくれました。「日刊紙を読んで安倍政権を倒そう」という提起が受けとめられたことが、購読が広がった要因でした。同時に、みんなが取り組む「四つの大切」、「党生活確立の三原則」を徹底して、14人の党員の方が生活困窮を乗り越えて購読したことは重要な成果でした。7人の日刊紙の購読を勝ち取った地区委員の方は、「結局、経済的問題ではない。お金の使い方の問題だ」といいました。日刊紙の拡大は、安倍政権を倒す直接的な力であると同時に、党を質的に建設する課題でもあると改めて明確にして取り組んでいきたいと思います。

最後に、下京区の府会議員の西脇同志は「今度の選挙ほど自民党に勝ちたいと思う選挙はない。何よりも下京でいま広がっているホテルラッシュ、町壊し。この現実を推進する旗振り役をしているのが自民党の府会議員だ。地域の小学校跡地をホテル資本に売却する役割を先導しているのが自民の現職府会議員だ。何としてもこの府議に勝ちたい。同時に下京のように相対的には京都市内で一番党の力が弱いところで、私が自民の府議に勝ったとしたら、文字通り倉林さんの定数2での勝利に直結する、大きな衝撃を与えることは間違いないと思う。したがってどうしても今度の選挙は自民党を抜かして勝ちたい」と言ってくれており、そのことが地区党全体の大きな牽引力となっています。勝利する決意を述べて発言とします。

「必勝作戦」を成功させ、県都初の県議の議席獲得を

福岡・福岡東・博多地区委員長　立川　孝彦

統一地方選挙での地区党の政治目標は東区で2万2200票、博多区で1万6800票、計3万9000票を獲得し、東区での県議初議席獲得と東区、博多区の市議現有2議席の確保です。東区の県議選は、定数は前回1増の5です。現議席は自民2、公明1、国民民主1。名乗りを上げているのはこの現職4人とわが党の立川ゆみ候補の5人ですが、立憲民主の国政候補が自分の陣営から出そうとしており、国政政党間の激しい闘争になることは間違いありません。福岡市が政令市になって以降44年間、県都福岡市は県議の議席空白が続いています。11連敗です。私は過去に二つの地区委員会で15年間地区委員長をしました。この11連敗の直後に、2015年7月に今の東・博多地区の地区委員長になりました。東区の県議選の初陣を何としても勝利で飾る、そういう決意であります。

地区党は、2016年参院選、第27回党大会めざす党勢拡大「大運動」、2017年総選挙、そして2018年党勢拡大「特別月間」を全力でたたかってきました。安倍暴走政治をやめさせるたたかい、党の自力を強化するたたかいの連続でした。同時に、地区委員会は地区党の基礎組織としての支部の強化、それを指導強化する地区委員会活動の改善・強化を意識的にすすめてきました。

党勢拡大「特別月間」では、党員拡大では、51%の支部で112人に働きかけ、34%の支部で35人の入党者を迎えました。前回参院選挙時比で43人増です。前回統一地方選時比では29人増となっています。読者拡大では、前回参院選挙時比で日刊紙107後退、日曜版208の後退です。統一地方選挙時比では日刊紙100後退、日曜版307後退です。

「特別月間」を通じて党員、日刊紙、日曜版のいずれかで前回参院選挙3割増を10%の7支部が回復・突破しました。党員、日刊紙、日曜版いずれかで、前回参院選時を回復・突破した支部が、45支部と1党委員会です。党員、日刊紙、日曜版とも回復・突破した支部が8支部生まれた。「特別月間」最終月の9月は成果支部が67・6%、成果党員が12%を超えました。全支部、全党員運動へ一歩近づく重要な取り組みとなりました。

「特別月間」が終わった後、11月18日投票の福岡市長選挙のたたかいに突入しました。このたたかいも、新たな歴史を開く重要なたたかいとなりました。党が推薦する市民の会の候補者として、過去最高の得票を獲得しました。「400億円のロープウエーより高齢者乗車券の拡充を」「単身の若者への家賃補助をすぐに実現します」などの政策打ち出しとともに、候補者の政策力、論戦力が市民の会と党の陣営に大きな力となりました。選挙後、高齢者乗車券は存続することとなり、党内にさらに大きな確信が広がっているところです。

市長選挙のあと、一息入れる間もなく、県議必勝区浮上作戦に取り組みました。県直属、他地区の支援部隊が東区に入り、現地党組織とともに、宣伝戦で他党派を圧倒する作戦を展開しました。全戸ビラ配布では、支援を得たとはいえ、3分の2を3日間で完了しました。声の宣伝も候補者先頭に、支部数を上回る宣伝隊を繰り出して、党の風を隅々まで吹かせました。東区選対指導部も「特別月間」、市長選挙と2度の集中行動で全支部・全党員運動に発展させるための知恵を出し合っています。それが選挙課題を前に進める力になってきています。

博多区は、JR博多駅、福岡空港、博多港が存在する福岡市の交通の要衝です。同時に、高島市長がゴリ押しする、市長選挙で大争点となったロープウエー計画、博多港全体の開発、カジノや巨大ホテルなど新たなウオーターフロント大開発計画の中心も博多区です。5期20年72歳の現職市議から、32歳の新人、木村たくじ候補への新旧交代を必ず成功させなければなりません。千鳥橋病院の青年活動家、専従を決意して挑戦します。若くて清新な候補者の出現に沸き立つような期待が党内外に広がっています。博多区では全支部での支部会議開催を特別に重視し、そのために2年ほど前から地区役員会議を毎週開き、複数で支部会議に参加、「支部が主役」の党勢拡大も意識的に進めてきました。党大会後、全支部が新入党員を迎え、ほぼ毎月全支部が読者拡大で成果を上げています。選対は、党の影響力が比較的弱い博多区南部に大きな事務所を構えることを新たに決めました。

「統一地方選挙必勝作戦」、3月1日を投票日に見立て、二つの課題の達成は大仕事です。10軒に1回の声の宣伝、ビラ全戸配布、連名ポスターの完了、支持拡大を1月末までに得票目標の1・5倍に、3月1日までに2倍に到達させ、党勢拡大では3月1日までに党員を新たに20名、日刊紙１０７増、日曜版３０７増をやり上げて、前回参議院選挙、前回統一地方選挙回復・突破をやり抜く決意を表明して、私の発言を終わります。

選挙情勢の両面を直視し、決めたことを貫く機関のイニシアチブを

福岡県委員長　岡野　隆

志位委員長は、統一地方選挙と参議院選挙の歴史的意義について、新しい軍国主義とファシズムへの歴史逆行を許してはならないと、日本の命運がかかった一大政治戦というふうに報告されました。本当に私もそう思います。いまから3月1日までの1カ月半、そして、参議院選挙までの半年のもつ重要性、これは党にとって国民にとって命運がかかった時期だということを改めて痛感しているところです。

志位委員長の報告で強調された国政の熱い焦点の問題も、統一地方選挙の政治論戦の提起も非常にわが県党の実態にも即したもので、ただちにたたかいにいかすべきものだと思います。戦争する国づくりを許さない、沖縄との連帯と

いうことも強調されました。福岡県の築城基地が、普天間基地の代替基地化されようとしております。滑走路を普天間と同じ2700メートルにするために、500メートル海を埋め立てて延長する、弾薬庫や米軍司令部の建設も日米合同委員会で決まりました。基地のある築城町の年間予算を上回る120億円がさっそく計上をされております。ただちにオスプレイが日出生台にきて演習をはじめました。有名な由布院温泉の駅舎の上を超低空で飛んで、温泉客が「由布院にオスプレイはなじまない」という声があがるなど、非道ぶりでありました。そして、そのオスプレイがその日の夜、築城の基地に着陸する。こういうまさに好き放題の状況があるわけであります。私たちは、こういう中で12月9日に抗議行動を行うとともに、社民系なども共同して、5月により大規模な抗議行動を展開しながら、共闘の発展をいま探求しているところであります。これも今度の統一地方選挙、参議院選挙の最大の福岡県における争点にもなってくると考えています。

もう一つ、論戦問題では、報告でも強調されました大型開発の問題であります。福岡でおきている問題は、下関、北九州道路というのがあります。下関はご存知のように山口県、北九州道路は福岡県。山口といえば安倍、福岡といえば麻生。この安倍、麻生道路というふうにも言われております。12月17日の「西日本新聞」は、「下関、北九州道路の建設の是非が争点に急浮上してきた」と書きました。統一地方選挙や参議院選挙を見すえ、自民党などが推進に躍起になっています。自民党は長野選出の吉田博美参議院幹事長、これがこの整備促進をはかる参議院の議員の会の会長となりまして、福岡の参議院候補を事務局長としてそういう会を作りました。吉田会長が何と言ったか。「地方創生のなかで、下北道路が一丁目一番地だ」といったわけです。彼らにとって下・北道路を一丁目一番地にして日本の大型開発をさらに突き進めようとしている、これは大問題であります。

11月18日に、福岡で市長選挙が行われました。福岡市の党、大健闘したと思います。市長選挙が終わって、さっそく福岡市議会が行われましたが、そこで今度、議会を辞める議員が八百長質問をしました。「私が辞めるにあたって市長さん、あなた何かいうことがないのかね」とやりますと、「実は、箱崎というところに大きなふ頭がありまして、そこにヤフードーム9個分の埋め立てをする。そのあと中央ふ頭もやる。須崎ふ頭もやる。そこに大きな町づくりをする」という。これは相当の規模の大開発です。市長選挙で〝ロープウエーはいらない〟、〝ロープウエーよりも暮らしや福祉を〟、〝ロープウエーよりも高齢者乗車券を〟という運動をしたわけですが、このロープウエーを作るのは何のことはない、こういう埋め立てとIRづくりのための大きな構想の一環だということが非常にはっきりしてきたわけです。しかし、市民は生活実感のなかで、よく見抜いておりまして、市長選挙の出口調査では、ロープウエー反対がどのマスコミの世論調査でも6割を超えておりました。「オール与党」の市民クラブなども、市長選挙後のわが党の提案した慎重な推進をもとめる決議に賛成をするなど政治的な変化も起こっております。こういう点では、今度の選挙戦の政治的構えと論戦が非常に的確に展開されれば、有権者に大きな変化を届けることができるし、我々が勝利することは可能だということを証明していると思います。

志位委員長報告は、選挙戦に臨む構えの問題として、3月1日をめざす「必勝作戦」の重要性を強調されました。先日、中央委員会の同志が福岡にきて、前半戦を中心にした情勢判断の会議を行いました。その時、福岡県は次の選挙で、県議空白の可能性がある県という認識が示されました。私も、そのことは感じておりました。そこで私たちは、県議選をたたかう重点区としてたたかう地区委員長と県議選の選対責任者の会議を開きまして、この中央の思いと私たち自身の情勢判断について論議しました。ここは大きな驚きをもって受け止められました。これは裏返せば、驚きをもって受け止めるというところに、情勢判断のリアルさが欠けているということの表れだったと思います。私たち福岡は、今度の地方選挙で県議2議席を死守し、5議席を目標にしています。そのため、去年の11月、12月に県議浮上作戦にとりくみました。後半戦を中心にたたかっている党組織から400人以上の方に来てもらいながら、地元の決起とあわせて5選挙区で、「赤旗」号外33万のうち29万、県議選33万5千枚のうち25万枚をまききりました。声の宣伝では、ハンドマイクなど599台を出動させて7030回の声の宣伝を行い、支持拡大は5万9千を行いました。それまでに比べると飛躍でした。私はこれをやってみて、ニュースカーを追いかけてきて、「安倍をやっつけてくれ」、「ここで演説してくれ」、「消費税とんでもない」、「共産党がんばれ」、「木の上から応援する」など、非常に大きな反応を次々に感ずることができました。

　これらをみて、いま3月1日までにこれだけのことをやろうと提起された場合、決定的な問題は何か。それは、機関が断固たるイニシアチブを発揮して期日と目標にこだわった指導性を発揮するか否か、ここが今、現瞬間、大きな分かれ目だと感じていることを発言して私の討論とします。

地区党の政治的位置にふさわしいたたかいを

埼玉・さいたま地区委員長　斉藤　功

　さいたま地区は、139万政令市で党を代表する地方党組織です。地区党の統一地方選挙の政治目標は、2007年以来政令市空白となっている県議での複数議席獲得と、政令市議選で西区、大宮区での議席奪還、見沼区での複数議席奪還で現在の8名から全行政区に議席を持ち11名に躍進することです。参院比例で埼玉70万、伊藤岳の勝利に貢献することです。全国的にも前半選の政治目標では最大のものだと思います。

　3月3日（日）に、3月1日の「必勝作戦」の直後ですが、大宮駅で志位和夫委員長を弁士に日本共産党街頭演説会を開催します。さいたま市の政治目標達成のために中央の委員長が弁士になるのは史上初めてです。地区党への党中央の最大の援助です。この道を進めば、必ず勝利できると確信みなぎる演説会、1月、2月に全行政区で開催する演説会、支部代表者会議の一つひとつを結節点に必要な課題をやりきって迎えます。演説会当日は、終了直後に地区総決起集会を開催し、告示日に向かって比例得票目標、伊藤岳必勝をめざし広げに広げていきます。

　先日の常任幹部会報告の受け止めについて3点発言します。第一は、先手必勝、安倍政権を追い詰める時だということです。私は、党旗びらきで先手必勝といわれたとき「際限なく遅れる選挙活動を早く、間に合わない」との受け止めでした。報告は、安倍政権の破綻ぶりを指摘し、同時にこの暴走を許すなら日本の政治、社会に取り返しのつかない害悪をもたらすことを警告しなければなりません。新しい軍国主義と国家改造の野望との指摘に身が引き締まりました。幹部会報告は安倍首相の矛盾と破綻の焦点を示し、そこを攻めればぐうの音も出ない攻めどころを解明しました。一番変えてはいけない人が変えたがっている憲法9条改憲、増税に賛成の人たちもみんな反対している消費税10％増税、攻めどころをしっかりつかみ、安倍政権の矛盾と破綻の焦点を攻めに攻めていく選挙にしていきます。

前哨戦の統一地方選で党が躍進する意義を3点で整理していただきました。安倍政権に審判を下す選挙が参院選の前にあるということだと思っています。対決構図は、自公vs共産党、県政・市政とも「オール与党」、自民党と一緒になって負担増を押し付け、国政では共闘関係にある立憲民主、国民民主も「オール与党」政治の一員になっています。千葉の演説会で志位委員長は、こういった状況を非常に残念ですと述べました。統一地方選挙での安倍政権への審判への一票は共産党への一票になります。自公批判を正面にすえ、常任幹部会報告で解明した矛盾点をそれを言っちゃぐうの音も出ない批判で、最大の対決者としての共産党を押し出していきます。

統一地方選で自民党政治との最大の対決者＝共産党を躍進させ審判を下したいと思います。参院選の躍進にとっても決定的です。統一地方選挙の前半戦、政党同士が直接ぶつかり合う県議選、さいたま市議選で参議院の直前の選挙で政党間の力関係を前進させたいと思います。さいたま市の県議14人のうち、自民党が10人でそのほとんどが日本会議です。全国初の原発稼働推進決議、改憲推進決議など県議会の自民党の横暴は常軌を逸しています。旧浦和、旧大宮の時代に3人いた共産党県議は、定数1、2のもとで締め出され、いま、議席はありません。政令市議席克服は自民党県議団の暴走をストップさせる決定的力です。現在8名から11名への政令市議団の実現は、現在市議会第4党から立憲民主、公明と並ぶ市議会第2党に躍進することとなります。さいたま地区党の悲願、13名全員当選で139万政令市で政党間の力関係を大きく前進させて参院選に向かいたいと思います。

統一地方選、なんといっても暮らしの問題が大切です。「暮らしに希望を」のスローガンを打ち出せるのは共産党だけです。共産党議員団は暮らしを守るかけがえのない役割を果たしています。昨年、市議団がとりくんだアンケートには4年前の1・3倍の回答が寄せられています。要求のトップは、負担増を減らしてほしいというものです。この声に応え、市民とともに水道料金引き下げ署名にとりくみ、1万8344人分を超える署名の紹介議員となり、請願の採択を主張しました。採択を主張した政党は日本共産党だけでした。

志位委員長の報告は、破綻の根本に自民党政治の二つのゆがみがあると指摘しました。私は、この指摘を聞き、この間の入党者の決意を思い出しました。対米従属の政治を打ち破ると決意した36歳の不動産業の男性、米軍基地を撤去したいと決意した横須賀生まれ、横須賀育ちの20代の男性、共闘の時代を迎え入党の決意の内容に変化が生まれています。

綱領が示す日本改革の展望を広げるなら、積極的な支持者を増やす条件と可能性が広がっています。情勢の現局面、安倍政権の攻めどころをしっかり握って攻勢的にたたかっていきます。

3点言いたかったのですが、時間の関係で端折ります。

第2は、地区委員長アンケートについてで

す。常任幹部会が大事だとした7点です。1月5日に党旗びらきの翌日に第一回地区委員会総会を開きました。連続選挙の年、どうしたら新体制が新しい気持ちで選挙に向かっていけるかを考えました。そして、正月、浜野副委員長の本や、党大会決定や、中央委員会決定などを読み、地区委員会活動について私が講義をしました。その最後には、「歴史的選挙だからこそ法則的方針に繰り返したちかえろう」と67人の地区役員に呼びかけた。昨日の報告と同じです。私と同じ思いです。私が努力してきた方向に間違いはありません。全国の地区委員会の経験に学びさらに前進します。

「統一地方選挙必勝作戦」、頑張ります。

「本気の共闘」を島根から——情勢に確信もち「必勝作戦」をやりとげる

島根・東部地区委員長　岩田　剛

昨日の志位委員長の報告を受けて、二つの点で県内、地区内で確信になっていることを発言したいと思います。

一つ目は情勢です。県内に広がっている県民の声は、まさに安倍政権への怒りを実感する、県内でも渦巻いていることが確信になっています。この間、市民アンケートに取り組み、近年にない数が返信されてきました。しかも、このアンケートを私も1枚1枚読ませていただきましたが、ぎっしりとその思いが記されていました。それだけ今の安倍政権への怒り、思いが吹き上がっている。「年金が増えないのに増税。どうやって暮らせばいいのか」「政治私物化。こんな政治を早く終わらせてほしい」など、その声は報告にあったように国政の熱い焦点と党の立場ががっちりとかみ合っているものだと思います。

報告での二つ目、熱い焦点となる四つの中で、島根県党にとって、私が責任を負う東部地区内にとっても重要なたたかいがあります。それは原発問題です。とりわけ東部地区では全国で唯一、県庁所在地である松江市に島根原発があります。原発の再稼働を許すのか、それとも押し進める政治にするのか問われる選挙、これが今年の連続するたたかいです。島根原発の30キロ圏内には47万人の県民、鳥取県の方が住んでいます。原発のすぐ下には、39キロに及ぶ活断層、さらに活断層沿いには土砂災害危険個所が１２００以上あります。こんなところで絶対に原発は動かせない。これは県民の圧倒的な願いです。この願いにこたえるためにも、今度の選挙で安倍政権にサヨナラ、原発にサヨナラを告げるたたかいに全力を尽くす決意です。

目前に迫る統一地方選挙では、県議選で二つの現有議席を必ず守り抜きます。出雲選挙区、これは中部地区のエリアですが、現職の大国陽介県議、そして私が担う松江選挙区での尾村としなり県議の再選を必ず勝ち取る。第一関門です。尾村県議は他党からも党内外からも注目されるわが党になくてはならない議席であります。抜群の論戦力で注目は非常に高いです。地区委員会ではこの松江選挙区で得票1万8千票をめざします。

また、夏の参議院選挙です。みなさんも「赤旗」一面を見て、驚いた方もいるかもしれません。今回、市民と野党の共闘を本気で進める、その実現をめざすために、合区となった鳥取・島根選挙区予定候補に、昨年から奮闘してきた福住ひでゆき前候補に代わり、元衆議院議員の中林よし子さんを擁立することになりました。1月9日の記者会見、13日に開かれた街頭演説会で、多くの有権者、党員のみなさんが、中林さんの決意、訴えに感動し、共感の声が広がりました。小池晃書記局長も力強く訴えました。「山陰で〝共闘の太陽〟を実現させよう」の声に参加者全員が拍手、または激励を込めて声を上げました。この声にこたえ、何としても鳥取・島根選挙区、市民と野党の共闘の実現のために、地区委員長として全力で頑張りたいと思います。

何より、中林さんの決意に心を熱くした党員のみなさんがいま頑張っています。東部地区でもこの3連休、多くの支部が対話・支持拡大に踏み出しました。まだまだ、すべての支部の活動となっていない現実はありますが、大きな一歩を踏み出すきっかけをつくり出した中林候補にも呼応して、私、頑張りたいと思います。

最後に、報告でありました地区委員長アンケートに基づいた報告であります。長の構えです。私は地区委員長になって2年になります。第27回党大会期に地区委員長となりました。私はこの2年間を通じて、地区委員長の任務は非常にやりがいがあると実感しています。2年前、私は衆議院島根1区の予定候補として活動させていただきました。併せて地区委員長の任務をいただきました。どれも生まれて初めての活動です。この中で2年前は松江市議会議員選挙やそれぞれの大きな地方選挙が連続する中で、候補者もやり、地区委員長もやりました。時には候補者の活動を終えて、宣伝カーから降りて、会議のレジュメをつくったり、支部会議に行ったり、様々な活動もしました。こうした中でもこの歴史的なたたかいに参加できた。選挙直前では野党の一本化で私は立候補取り下げを決断し、立憲民主党の亀井亜紀子さんに一本化となり、当選させることができました。そして、なによりも市民と野党の共闘を守るという重要な局面を、自分自身が肌身で感じた。これは非常に大きな経験だと、いま感じています。

地区委員長になって2年が経ちましたが、いろんな課題がたくさんあると思います。ご参加の地区委員長のみなさんも、本当に苦労されていると思います。私自身も、みなさんの発言を聞いて、あらためて同じ気持ち、同じ思いで頑張りたいと思います。

最後に「統一地方選挙必勝作戦」、これを何としてもやり上げるという決意でありますし、1月7日に私自身もその決意も含めて、松江の民商の党支部と一緒に入党の働きかけに出かけ、60代の弁当屋を営むご夫婦に働きかけ、ともに入党していただきました。今月思い切った取り組みを大いに広げて、この「必勝作戦」、やり遂げる決意であります。

地域に広がる安倍政治への怒り 県議再選、後半戦の議席増に挑む

青森・三八地区委員長　松橋　三夫

２０１４年3月から地区委員長の任に就いております。昨日の志位委員長の報告と全国の県・地区委員長の素晴らしい発言を聞きまして、どう受けとめ、3月1日までに何を努力すべきかを含めて発言致します。

三八地区は、八戸市と6町村の自治体で構成されております。選挙の目標は15％、2万。八戸市15％、1万5千という目標であります。具体的には、統一地方選挙、八戸市からの県議の再選、八戸市議の2名から議案提案権を持つ3名への実現、そして階上《はしかみ》町での町議空白の克服であります。

4日の党旗びらきの視聴の後に、八戸市と商工会議所の主催の新年祝賀会、１０００人が集まりましたが、地区委員長として出席しました。商工会議所の会頭は、冒頭に「消費税増税は困る」と主催者あいさつをしました。大島理森衆議院議長は来賓のあいさつの中で「入管法は規律ある寛容が必要だ」「新自由主義はよくない」「いまの憲法の中での政治だ」と発言しました。意味深長な、あるいは一歩踏み込んだ発言のように受け取れます。

昨年の11月には漁業法改正の問題について、階上漁協の組合長を斎藤美緒県書記長・参院予定候補と一緒に訪問しました。組合長は熱弁で、1時間以上も話します。「突然の漁業法の改正は許せない。自分は選挙で選ばれた海の県会議員である海区調整委員だ」と、何も相談がないことに怒り心頭でありました。議員団は漁協、商店街、建設団体などを訪問しました。ある商店会は「消費税10％は反対だ」と12月議会に初めて請願をしました。共産党と無所属の1人を除いて、請願を葬り去りました。12月から1月まで議員団は市内の64のすべての小中学校を訪問しました。どこでも歓迎していただきました。アンケートも返ってきておりました。

２０１7年に核兵器禁止条約が採択されましたが、三八地域にも大きな影響を与えています。昨年は八戸市長と市議会議長がヒバクシャ国際署名に賛同し、同時に、市の職員にも署名を呼びかけ、１６００人以上が署名をしてくれました。党議員団の役割もありますが、草の根での原水協や新婦人をはじめ、毎月とりくんでいる署名など運動の成果だと思っております。

前回の統一地方選挙では、40年以上も挑戦して県議選で一度も当選できなかった八戸市で、見事に当選できました。青森県南で、当時は自民、民主のはざまでなかなか変化を起こせない状況でしたが、県南からの県議実現は大きな変化だと思っております。

八戸市での県議実現の後は、市民の党に対する接し方が違います。日本共産党の政治的比重が高まっていると実感しました。今年の正月にヒバクシャ国際署名に応じた前議長が「前回は共産党さんが初めて県会議員をとり、今度の統一地方選挙では市議団を3名にしようとしてい

る。たいしたものだ」と言ってくれました。昨年のはじめに地元のローカル紙が県議選を展望して「前回は共産党が議席を得たことが特徴だったが、今回は共産党が議席を守れるかどうかが焦点だ」と報道してくれました。これは私たちと同じ見解です。県議定数8名の八戸市選挙区は、実力者4名が上位を占め、共産党を含む5名がその後を追うというたたかいであります。一度実現したものは絶対に手放さない、その決意で頑張ります。地区委員長として臨むべきものがたくさんあります。時間がきましたので、私は一つだけ発言して終わりたいと思います。それは、党員拡大であります。12月には高橋千鶴子衆院議員の応援で、一日で4名の党員が増えました。引き続き頑張る決意を表明して発言を終わります。

希望を語り、「必勝作戦」成功必ず

東京・新宿地区委員長　中野　顕

新宿は区議選で定数38のもと、8から9へ、1議席増をめざします。

前回68票差で議席増を逃し、また総選挙では東京1区で海江田万里氏当選で自公に勝ったのはよかったのですが、比例票は23％減らしました。この悔しい思いを繰り返すまいと、党建設に力を入れてきました。わけてもこだわってきたのは、党費納入口数の向上です。新宿は職場支部の党員が約4割います。毎年退職者が出ます。党費で前進するには党員拡大抜きにはあり得ません。そこで年１００人の入党を目標にがんばって、２０１５年48人、16年54人、17年45人、18年は66人の入党者を迎え、その結果、党費納入口数は前回区議選時比１０８％となっています。民青の同盟費も向上し、2年前から約2倍となっています。

遅れているのは「赤旗」読者の拡大です。日刊紙は前回比85％、日曜版で80％。「必勝作戦」成功は絶対の課題です。12月、地区全体では微増にとどまりましたが、飛躍が始まった個別選対が生まれています。その経験から私が学んでいる点について発言します。

第一に選挙情勢を厳しい面とチャンスの面と両面からとらえるということです。佐藤選対は先月50部拡大しました。重視したのは選対ニュースで選挙情勢を徹底したことです。定数38に44人、現職35新人9という少数激戦です。「当選ラインがあがります。勝利のためには３０００票が必要です。読者の前回時回復はどうしても必要です」と、熱烈に訴えるニュースを全党員に配り、決起を呼びかけました。「佐藤さん、大丈夫でしょ」という声に対しても、この選挙情勢を伝え、「赤旗」の購読に結びついています。

同時に打って出るとチャンスの側面も実感できます。新人の高月選対では、26部拡大しました。ここでは、できたてホヤホヤの候補者リーフを全戸配布したところ、大反響が巻き起こっています。候補者本人に知らない人から4本の電話・メールが寄せられました。そのうちの一人はこう言っています。「私は50年間ずっと自民党を支持してきた。だけど、今の自民党はもう腐りかけている。安倍首相は海外によく行くが、外交は失敗している。数の力に頼りきっている。支持政党を変えようと思っていたところ、ポストに入っていたリーフを見て、思わず電話してしまった。これからは共産党を応援したい。高月さんは17年も介護の仕事をしてきたし、きっと何かをやってくれるに違いない。がんばってよ。仲間に声をかければ5票は集まる」と。訪問して日曜版の購読をおすすめしたら、1面の見出しを見て、「これだよ、これ。安倍政権を倒さないと」と言って「赤旗」をとってくれました。「夫が創価学会員」という方を訪問すると、玄関先に奥様が出てきて、夫がいる前で「学会に負けるんじゃないわよ。ポスターを貼っていきなよ」とポスターを貼らせてくれました。もう1人の新人の藤原選対でも、自民党のポスターが貼ってあるところ23軒を訪問し、15軒で共産党のポスターを貼らせてくれたという経験も生まれています。少数激戦のもと、共産党が議席を増やすには、自民党・公明党の現職を落とさなければなりません。一見手ごわそうですが、安倍政権に対する怒りは4年前の比ではありません。怒りの矛先を自民・公明にむけ、政治を変えたい思いを共産党に総結集するなら、得票増はできる、ここに確信をもって、全有権者対象者に訴えぬくことが大事だと思います。

二つ目は得票目標にふさわしい組織戦を展開することです。いま新宿では、候補者1人1000軒の訪問で、1000人の後援会ニュース読者を確立し、そこに3枚ずつ、候補者リーフを届けて3000票とろうと呼びかけ、訪問作戦での支持拡大と結んだ「赤旗」の拡大となっています。

三つは「比例を軸」に「赤旗」を増やしていることです。佐藤選対の50部のうち、17部は党員の結びつきによる「全国は一つ」の拡大です。ここではずばり、「消費税10%を止めるには参議院選挙で共産党を伸ばしてほしい」と訴えています。これはもちろん区議選の勢いにもつながっています。

第四に希望を語ることです。新人の高月候補がある女優さんのところへ「赤旗」をすすめに行ったら、辺野古への土砂投入にめちゃくちゃ怒っている。だけど、「中国、北朝鮮が攻めてきたらどうするの？　批判だけしていてもダメでしょ」と言う。そこで、「いま北朝鮮と韓国の対話が始まっていますよね」と党の北東アジア政策をお話ししました。もう一つ話題になったのはお隣の中野区のこと。「中野では区長が変わって、区政が変わってきているそうですよね」というので、「そうなんですよ」と言って、11月に行われた新宿区長選のお話をしました。新宿では31年ぶりに、共産党、自由党、立憲民主党、社民党、新社会党、緑の党の6党共同で区長選をたたかいました。勝利はできませんでしたが、区長選を前後して区長候補の公約が、次々実現しています。来年までに全小中学校の体育館にエアコンを設置する、そのために積み立て金を取り崩す。学童クラブの定員を60人増やす、これは初めてのことです。来年度中の公契約条例の制定。スポーツ施設の使用料の引き下げの検討。ヘイトスピーチ解消条例の検討などです。これまでの単独推薦の区長選とはまるで違います。「市民と野党が力を合わせれば、必ず政治は変えられます。この力を大きくするために共産党の議席を増やしてください」と訴えて購読にむすびつきました。区長選の候補者は自由党の方だったんですが、共産党としては、区長選・区議選の独自ビラを配布して論戦の一翼を担いました。この自由党の方は区議選では共産党を応援してくれています。

いま国政でも新宿区政でも、自公政治が行き詰まり、暴走が始まっています。暴走すればするほど、共同の輪が広がり、「共産党を除く」壁が取り除かれ、綱領路線と党の区政政策が光る情勢が生まれています。消費税10％をすすめる党か、消費税に頼らない道を示す党か。国保料を引き上げる党か、下げる党か。税金の使い方を変えない党か、暮らし優先に変える党か。デモ規制や個人情報の警察提供など憲法を踏みにじる党か、それに立ち向かう野党第一党か。自公対共産の対決構図を鮮明に押し出し、自公の暴走に審判を下す選挙にしよう、そのためには共産党を伸ばすのが一番。共産党が伸びれば政治は変わる。このことを訴えぬき、「必勝作戦」を必ず成功させ、9名全員当選を勝ち取る決意を申し上げて発言とします。ありがとうございました。

若い世代の党づくりと一体に「第一党」を

京都・北地区委員長　福田　陽介

志位委員長の報告の7で言われた七つのこと、とりわけ労働者、青年・学生のなかでの前進の可能性に働きかけることの大切さと、地区委員会として努力していることについて発言し、討論に参加します。

京都北地区委員会は二つの行政区、金閣寺や大徳寺を有する北区、京都御所や同志社大学を有する上京区を担当しています。政治目標としては、北区は1万7千の得票獲得で前回府会議員、市会議員とも自民党に打ち勝って第1党になりましたが、これを「史上初、2回連続で府会・市会とも第1党になろう」という目標を掲げています。上京区は1万1千の得票の獲得で、定数2の府会議員選挙で何としても自民党に打ち勝って勝利し、府会・市会とも悲願の第1党を果たすという、両行政区ともロマンある目標を掲げています。

京都は、昨日の報告にありましたように、福祉と暮らしを投げ捨てる国言いなりの政治、文化で儲けようというアベノミクスの方針を京都府、京都市が忠実に実行して、いま京都は民泊やホテル建設ラッシュ、また、観光客を際限なく受け入れるオーバーツーリズムで「観光公害」ともいうべき状態が起こり、京都の良さが破壊され住民の生活に深刻な影響が出ています。それだけに、かつて自民党支持だった方も「共産党しか頼るところがない」と、保守も含めた広範な市民と日本共産党の共同が広がる条件が広がっています。上京区では、かつて自民党の市会議員をしていた、地域の住民福祉協議会の会長が、上京区の共産党の「新春の集い」に初めて参加されて、国いいなりの町壊しに心を痛めておられること、そして「住民の願いを聞いてくれるのは共産党しかない。次の統一地方選挙で何としても共産党に勝ってほしい」と初めて挨拶をされました。このことにもあるように党躍進の条件は、地方選挙の中でも大いに広がっていると思っています。

それだけに、各党とも激しい取り組みで、北区、上京区とも、まさに激しい自共対決の様相になっています。自民党は、京都1区の国会議員が主導して尋常でないポスターを張り出して攻勢に出ています。しかしこれは自民党の強さではなくて、府民、市民に語る言葉を持たない、こういう自民党政権とそれを京都で忠実に実行する、そういう勢力のもろさ、弱さの現れであり、必ず打ち破れると確信しています。

従来に増して激しい自共対決を勝ち抜くためには、これまでにない広い層に働きかけることが必要であり、とりわけ若い世代との対話、結びつきを強め、そのことを選挙作戦の柱に据えて行うことが第1党の実現には必須の課題だと考えています。

北地区委員会は、「特別月間」から12月まで党員拡大は35人にとどまり、決して飛躍を起こしているわけではありませんが、迎えた党員のうち35％、12人が10代～40代の若い世代の入党でした。特に12月に迎えた4人の新入党員は、全員20代～40代の方です。学生が3人、民医連の医師を含めて3人、重要な介護福祉職場で3人、保育士、私立学校教員など重要な職場支部でも若い党員を迎えています。その最大の特徴は、若い世代の「社会を良くしたい」という真剣な思いと、綱領のめざす方向が本当にかみ合ってきている、このことを実感しています。

12月に入党した大学2年生は、入管法の問題で「1日300円で働かされている外国人労働者がいる。こんな社会は本当に変えないといけない」と、入党の訴えを真剣に受けとめ、一年がかりで考えて、入党を決意してくれました。まだ端緒ではありますが、若い世代の中での前進の芽をつかみつつある、これを花開かせるために全力を尽くしたいと思っています。

地区委員会として若い世代と対話し、結びつきを強めるために大切にしていることが二つあります。一つは、若い世代との結びつきをどう強めるか、絶えず常任委員会や地区委員会総会で議論し、それが実践できる体制をつくるために努力していることです。若い世代がいま中心となっている保育園の支部は六つあります。ベテランと若い世代の地区委員を4人配置して、親身な援助に当たっています。常任委員会としても非専従の常任委員を思い切って増やし、ベテランの専従者がそれぞれ職場支部と青年学生部の専任ができる体制づくりに努力して、系統的に若い世代の援助ができるようにしています。

もう一つは、大学門前、高校門前宣伝をたえず定期的に行って、若い世代、とりわけ学生、高校生と対話することを重視し、結びつく努力を一貫して行っていることです。大学門前宣伝は10月から二つの私立大学の門前で、毎週1回、党の府委員会や民青の府委員会の援助も受けて行っています。12月から、高校門前宣伝も始めています。宣伝の中では、地域支部のメンバーも一緒に参加して対話し、「目上のおっちゃん、おばちゃんとも話してくれる」「対話が面白い」と変化しています。学生、高校生の側には垣根はないというのが実感で、11月、12月に対話で結びついた学生3人、高校生1人が民青同盟に加盟しています。対話したある学生は「毎週1回、この時間にこの場所に来れば、共産党と話ができると学内で話題になっていますよ」と話してくれました。志位委員長の報告にあるように、今年は新入生、またその前の大学受験生全員が有権者であり、新入生歓迎運動と学生との対話宣伝、これを選挙作戦の重要な柱として取り組んで大きく得票を増やす、このことに全力で取り組みたいと決意しています。

最後に、「必勝作戦」は、本当に段取りもしてやらなければ実現できない。臨時電話の準備もして、2月1日に小池書記局長を招いたみやこめっせの演説会までにすべての「赤旗」読者、後援会員を訪問し、支持の訴えをして、そしてさらに広げて、3月は電話も使って支持拡大目標をやりきる、そして党勢拡大でも一つひとつの学区で前回現勢を回復し、確信を強めていく。そうした取り組みを通じて、何としても二つの選挙に勝ち抜き、とりわけ参議院選挙で比例躍進、倉林再選の牽引車になる決意を申し上げて、発言を終わります。

厳しさ直視し、チャンス生かし、県議現有確保、5議席以上へ

滋賀県委員長　石黒　良治

前回選挙で県議会空白を克服し、3議席を獲得した日本共産党県議団は、子どもの医療費無料化の充実、県立高校のエアコン設置など、県民要求を議会に届け、実現させる大きな役割を発揮しています。自民党県議団が、「安保法の早期成立を求める」意見書を県議会に提出しようとしたとき、わが党県議団はただちに広範な県民に知らせ、県民の抗議の声を県議会に集中し、提出を断念させました。最近でも、来年度からの「行革方針」を暴露し、反対世論を広げています。県政と県議会で起こることをチェックし、県民に知らせるかけがえのない役割も発揮しています。滋賀県議会は、4議席で議案提案権、5議席で代表質問権が獲得できます。そして、常任委員会が五つあります。5議席獲得すれば、すべての委員会に委員をもてます。自民党と公明党が、県議会の過半数を占めて推進している〝安倍政権直結県政〟と正面から対決する日本共産党の議席をさらに伸ばして、県民の命とくらしを守るために頑張りたいと思います。

県議会で現有22の自民党は、総定数44に対して、すでに26人の候補者を擁立し、単独過半数を目標に、宣伝戦・組織戦で必死の取り組みをしています。現有議席確保も容易ではないことを肝に銘じて、現職再選へ、やるべきことをやりぬく決意です。

大津市選挙区で、前回221票差で自民党に惜敗したわが党の新人候補が、昨年の県議補選に挑戦し、社民党や市民の協力も広がり、当選には及びませんでしたが、1議席獲得にとどまった前回県議選の1・25倍、総選挙比例の1・6倍に得票を伸ばしました。激烈な党派間闘争になっていますが、攻勢的にやるべきことをやりきれば、複数議席は回復できます。

前回122票差で惜敗した定数5の東近江市・日野町・愛荘町選挙区には、前回惜敗した同志が再挑戦します。彼は、前回選挙後、市民と野党の共闘で中心的な役割を発揮して、広範な市民の厚い信頼を得ています。地域の自治会活動などを通じて、保守層からの信頼と期待も広がっています。ここでも自民党が4人の公認候補を擁立し、議席拡大を狙っていますが、これを打ち破って議席を獲得する条件と可能性は広がっています。

定数3の近江八幡市・竜王町選挙区にも、新たに近江八幡市議団長を擁立して、議席獲得に挑戦します。昨年の市長選で、保守層を中心にした広範な市民と共産党が共闘して、自民党など「オール与党」推薦の現職市長を大差で破り勝利しました。その流れのなかで、安倍政権の悪政に対する市民の怒りの声が、「県議選でも共産党が議席をとってほしい」という大きな期待の声となってわが党に寄せられ、現職市議団

長が立候補を決意しました。議席獲得の条件と可能性がここでも広がっています。

厳しさを直視しつつ、チャンスを攻勢的かつ手堅く生かそうという提起を胸に刻んで、県議5議席以上に挑戦します。

前回県議選での3議席獲得で、県内における日本共産党の政治的影響力が強くなったことが、2016年参院選と2017年総選挙での滋賀における野党共闘を発展させる大きな力となりました。この夏の参院選に向けた、滋賀の野党4党の会議を、昨年10月から重ねています。候補者問題は、5中総方針を繰り返し提起して、なんとか4党の確認事項となりました。7回の会議を重ねて、8項目の共通政策を作成しました。各党がそれぞれの党で確認して、今月末には正式合意をする予定です。志位委員長が報告で「国政の熱い焦点と日本共産党の立場」を提起されました。この間の政策協議の経験から、これが本当に大きな力になると実感します。

共通政策の議論のなかで、「消費税10％増税の中止」「原発ゼロの実現」「日米FTA交渉に反対」など、各党間で政策が大きく違う項目については、議論が白熱しました。お互いにリスペクトしながら、率直に議論を重ねて一致点を広げる努力を重ねました。わが党の政策提案に対して、例えば消費税問題では「消費税増税を中止して、社会保障の財源をどうするのか」と質問がだされます。わが党の提案を説明すると「なるほどそういうことですか。よくわかりました」となります。だからといって、共通政策への合意にはなかなかつながらないのですが、議論を通じて他の野党のみなさんの認識が発展していくのが面白いですし、何よりも、党綱領の立場が大きな生命力を発揮していることを実感します。共通政策の議論を重ねる中で、率直に議論できる信頼関係がうまれていることも、滋賀における野党共闘をさらに発展させる土台になります。

今度の県議選で5議席以上に躍進することができれば、夏の参院選での滋賀における市民と野党の共闘をさらに発展させる大きな力になります。参院選での日本共産党の躍進と市民と野党の共闘の勝利の展望を切り拓きます。

選挙に勝利するために、選挙戦のなかでこそ法則的な党活動の探究・発展を、と提起されました。昨日の討論でも深められました。七つの教訓をしっかりとつかんで、滋賀県委員会の260の支部が、それぞれの支部の条件を生かして、七つのうちの一つでも二つでも「これに挑戦しよう」と足を踏み出せるように、一つひとつの支部への指導と援助を強めたいと思います。全支部でこれができれば、党活動の大きな変化・前進をつくりだせます。この方針にしがみついて、地区委員長の皆さんと心一つに、苦労をともにして頑張る決意を申し上げて発言とします。

「必勝作戦」成功へ、構えと臨戦態勢の確立を

福井・北越地区委員長　藤岡　繁樹

北越地区党は、いま統一選挙に勝利する取り組みを強めながら、目前に迫った2月10日告示でたたかわれる、年明け地区最初の大野市議選を参議院選挙、統一地方選挙の前哨戦として、何としても2議席を確保する、これに力を集中して取り組んでいます。

大野市議選の勝利はもちろんのこと、統一地方選挙前半の県議選で県内唯一の佐藤正雄県議の議席を確保することは、日本の命運のかかった選挙、連続選挙で勝利するとりわけ重要な意義があります。佐藤正雄県議は県民の願いを県政に届け抜群の働きをしています。原発問題では、自民党と公明党が7割以上の議席を占め、福島事故がなかったかのように再稼働を次々認める無責任な県議会で再稼働ストップ、原発ゼロの論陣をはりつづけています。原発ゼロをすすめてほしいという市民アンケート、これは福井市の政策ビラを配布するなかで返ってきたアンケートですが、7割近いアンケートが返っているように、県民の声にこたえて頑張っています。一昨年9月の県議会では、大飯3、4号機の再稼働を認める意見書に、佐藤県議以外の2人が反対するという変化がおきています。3・11以降とりくまれた330回以上になる毎週の原発金曜行動にもほとんど参加し、運動でも大きく励ましています。原発再稼働反対、原発ゼロの唯一の議席を守る、こういった絶対なくすわけにはいかない議席です。

新幹線問題でも市民団体の運動や、県民の声を力に特急存続を国や県、JRに求め続けてきました。議会では当初、佐藤県議だけの主張が今や世論となり、特急を存続すべきとの態度を示す市や町も現れ、ついに県議会でも全会一致で意見書を可決、西川一誠知事も一定区間の特急の乗り入れが有効だと変化する答弁が生まれました。暮らし応援でも、民主団体や市民と長年、粘り強く求めてきた中学校卒業までの子どもの医療費窓口無料化が実現し、県民からはうれしいと喜ばれています。どんなときでも県民の運動と力をあわせ県政を動かしています。

県議選をめぐる立候補状況は少数激戦の様相で、東京からわざわざ福井に帰ってくる若い弁護士が立候補します。今朝の情報によりますと、県知事選挙に現職の県会議員が立候補することになっていましたが、これをとりやめて、また県議選に立候補するということで、定数12のところを2、3名オーバーの少数激戦です。佐藤地域には、佐藤県議も含めていまのところ4人がたち、しのぎをけずる選挙になることは必至であります。日本共産党の佐藤正雄の議席は、県民にとってかけがえのない、なくてはならない議席であり、安倍暴走政治と対峙し、平和と県民の暮らしを守る議席として絶対に守らなければなりません。後半戦の福井市議選、参議院選挙で安倍政権を少数においこみ、退陣をせまるうえでも県議選で佐藤正雄県議の議席を

単に勝ちとるだけでなく、福井選挙区で一本化した得票目標1万2千票を獲得し、議席を勝ちとることが重要です。このことがあって後半戦の勝利、参議院選挙の勝利に結びつく、これが地区党の県民に対する責任だと思っています。この責任を果たすためには「統一地方選挙必勝作戦」を成功させなければならない、改めて肝に銘じています。

暴走する安倍政権への怒りは奥深いところから広がっています。昨年12月の党勢拡大では申請日の1日で昨年最高の日刊紙2部、日曜版45部を一気に増やし、7カ月連続増勢となる貴重な前進をかちとりました。この取り組みのなかでも「憲法は変えたらいかん」、「戦争はダメだ」、「あの消費税一体どういうことか」、こういう怒りの声が聞かれました。ある自民党員は「安倍さんはあかんわ。共産党に頑張ってもらわないと。自民党の会合があっても参加していない」と対話になり、日曜版を購読するなど、共産党への期待と共感がひしひしと感じられました。いま全党が一気に臨戦態勢を確立し、現在の情勢に働きかけ打って出れば、厳しい選挙戦であっても必ず勝利できると確信をします。また、野党共闘も進むと思います。

問題は、いかにして勝利の道を切り開くか。地区委員長の構えということが強調されています。北越地区党の党勢拡大は、さきほど述べましたように、党員では2カ月連続、入党者を迎えていませんでしたが、1人を迎えることができました。鈴木市議と専従の役員が読者に働きかけて決意していただきました。この方は、「四つの大切」をよく聞いて納得し、生活が大変だけど、商業新聞をやめて「赤旗」日曜版、日刊紙をとることになりました。持てる力を発揮する、この構えがあったからこそ、前進することができたと思います。

年末の財政活動でも、党費は昨年1年間で最高の7割をこえて、機関紙の滞納も一掃することができました。これも7割を絶対にこえる、この構えがあったからのことです。あきらめずに立ち止まらないで、目標達成に執念をもって力を引き出す、この構えが大事だということを私自身が昨年末のとりくみで学びました。

私の最大の悩みは、どう体制をつよめ臨戦態勢を確立するか、ここにあります。昨日の発言からやはり「集い」、これを推進軸にしていく、あるいは生きた目標にする、世代的継承を執念をもってやる、このことが非常に大事だと思います。

一つだけ支部の変化を報告して終わりたいと思います。福井市議選で、西村きみこ市議からバトンタッチする山田ふみは予定候補が指導援助に入っている支部があります。ここは、これまで隔週でしたが、週1回の支部会議を開き、得票目標も10％を正面にすえて議論して決めました。ビラ配布もこれまでの3倍、4倍をうけもって頑張っております。こういう支部がいま次々と一つ二つと増えています。また、大野市議選をたたかっている二つの支部も毎週の支部会議を開いて、2議席獲得のために全力をあげています。支部の変化、発展は、地区党の場合、まだまだ大勢にはなっていませんが、党員が立ち上がること、これが連続する選挙に勝利するために決定的だという決意で「統一地方選挙必勝作戦」を成功させる、このために全力をつくしたい、この決意を述べて発言にかえさせていただきます。

大きな目標でも、みんなの知恵と力の発揮で乗り越えられる

群馬・前橋地区委員長　白鳥　淳一

連続選挙勝利めざす決意と地区委員会活動の教訓について報告します。昨日、志位委員長の報告で連続選挙をいかにたたかうかが提起されました。この間の前橋地区の活動をできる限りかみ合う形で発言します。

前橋地区党の政治目標は、県都前橋の県議選で現有1議席を必ず守りきることです。そのために、参院比例と一体に得票目標2万6千票、得票率16・8%、支持拡大目標5万2千票をめざしています。群馬では、前橋、高崎の現有2議席から伊勢崎地区での3議席目に挑戦し、勝利させるためにも前橋地区党の果たす役割は重大です。12年ぶりの連続選挙に必ず勝利躍進すると私自身、地区委員長として肝に銘じて奮闘する決意です。特に昨日報告された二つの構えを一体に貫く、そして厳しさを直視しチャンスを手堅く生かすことを実践、実行し頑張っていきます。

群馬県内の県議選の情勢は、全体50議席に対し最大会派の自民党が32議席から40議席の8割をめざすなど激しい運動が展開されています。前橋市では定数8に対し、自民党が現職4人のほか、新人を1人擁立しようとしているが現在まだ決まっていません。その他、公明1、リベラル群馬（旧民進系）の2人が無所属で運動するなど現在8人が名乗りを上げています。いずれにせよ県都での選挙戦になることは間違いありません。すでに各陣営はポスターの張り出し、企業、自治体訪問や締め付け、各町内会の行事へのあいさつ回り、地域の後援会組織の確立など、また、元旦からは自民党県議や参院議員の名前が載った「自由民主」号外がすべての一般紙に織り込まれるなど激しいたたかいが本格的に始まっています。

この選挙戦を勝ち抜くために昨年12月の活動において、5中総決定、闘争本部の「訴え」をもとに選挙勝利に「ギアチェンジ」し、選挙型の党勢拡大で総決起を全支部、全党員に呼びかけました。私自身も12月6日から開かれた全国地区委員長研修会に初めて参加し、改めて党綱領、党の選挙方針、地区委員長の任務と役割についてたくさんのことを学びました。学んだすべてを実践できませんが、地区委員会活動の要を担っている地区委員長の役割は決定的だと改めて認識し、地区内のこの間の宣伝活動、訪問・対話活動での情勢の変化や、「楽しく元気の出る支部会議」で支部が苦労して切り開いている活動など、地区委員会総会や支部長会議で議論し、さらに地区活動ニュースで支部に知らせ励ましてきました。

12月、全国いっせい宣伝行動に呼応して市内の大手デパートで行った消費増税反対署名行動ではかつてない反応が起きました。今までは、数人しか署名してくれなかったのですが、12月の大手デパートでの行動では、行列ができるほどの署名行動が起こり、買い物客から「増税は

許せない、共産党頑張って」と期待の声がたくさん寄せられています。

選挙型の党勢拡大では、昨年11月に大胡支部が３千万署名で街頭宣伝しながら署名のお願いで訪問した60代の夫婦がそろって入党しました。あまりに対話で反応がよく「赤旗」をすすめようと行くと快く購読してくれました。その対話の中で、「俺たちも共産党に入れるのかな?」といってくれたことに訪問した党員は大変驚きました。結びつきの薄い地域でも安倍政治に対する怒り、党への期待が大きくなっています。こうした情勢の変化が我々の結びつきの薄いところでも起こっています。

また、この２人を党に迎えた大胡支部では、12月に入党歓迎会を行いました。夫婦の40代の息子は、「お父さんとお母さんがどんなことをしているのか様子を見に来た」とのことでした。支部では、歓迎会を「集い」にきりかえ、歓迎会を行いました。両親は息子にも党に入ってもらおうと現在、働きかけています。

次は、地区の12月の読者拡大の経験についてです。この活動でも大きな変化が起こりました。12月は、１年を通じて大幅な減紙が報告される月ですが、予想を超える大幅な減紙が出ました。もちろん継続の努力も行われ20人の読者が継続し読んでくれています。中には、党員が「1カ月だけ継続してくれる?」といったところ「何をいっているんだ。遠慮しないで安倍政権を倒してくれ」と半年間継続してくれるなどの経験が報告されています。

全支部と党員、文字通りみんなで１部、２部の拡大をめざし、31日の正午まで奮闘して日刊紙10部、日曜版１３７部の拡大報告が寄せられ、最終申請で日刊紙４部、日曜版10部の12月前進を勝ち取ることができました。成果支部も目標とした過半数を突破し54・４％の支部が成果となりました。

なぜ、このような飛躍が生まれたのか。12月最後の１週間は、常任委員会と議員団全員で短時間の打ち合わせ会議をし、現時点の到達点と明日の行動計画を意思統一しました。毎日、議員、機関役員が10以上の支部とともに行動しよう。あるいは、未成果支部や力持ちの党員50人に１部、２部増やすことを呼びかけてみようと行動支部と活動参加を具体的に広げてきました。「特別月間」で入党した新入党員もよびかけにこたえ、読者拡大に立ち上がりました。ある支部では、後援会役員にも協力を訴え成果を上げました。

申請日の30日は、一日で日刊紙４部、日曜版35部を拡大し、３割を超える支部が行動し、１年を通じて最高の記録を更新しました。29日から30日の２日間で、日刊紙５部、日曜版59部が拡大されたのも初めての経験です。地区活動ニュースも連日発行し、拡大成果がなくとも支部の奮闘を知らせ、足を踏み出すことを強調しました。今年の連続選挙をたたかうにあたって、12月を前進にできた喜びは、「みんなで力を合わせてやれば大きな目標も突破できる」との確信となって地区内の支部、同志に湧き上がっています。

「必勝作戦」では、８日に地区委員会総会、９日に支部長会議を開き意思統一をしました。特に私たちの地区委員会は、２月９日には県議選、参院選勝利にむけ総決起するための演説会を６００名の目標で行います。演説会の成功と合わせて支持拡大目標の５割をこの演説会で突破しようと９００セットの選挙資材を支部におろし活動を開始しています。

党勢拡大でも、前回統一地方選時を３月１日までになんとしても回復・突破させます。12月の経験をいかす決意です。

率直な本音の議論を大切に、全党員が立ち上がる「必勝作戦」に挑む

鹿児島・鹿児島地区委員長　山口　広延

私たち鹿児島地区委員会は、4月の県議選に新人たいらゆきお候補、参議院鹿児島選挙区に現職県議のまつざき真琴候補を立てて、必ずバトンタッチを実現し、参院選で仁比そうへい参議院議員の議席獲得と市民と野党の共闘を鹿児島で実現するために全力を尽くしてまいります。

この全国都道府県委員長・地区委員長会議に向けて、新春決起集会を開いた1月6日から、事務所開きを行った1月14日まで、県議選をたたかう9日間と位置づけ活動しました。プレ本番として街角演説会を軸にアナウンサー、運転手の確保など線引きをつくり、支部と後援会が一体となって、日本共産党の躍進へ「ギアチェンジ」をすることを目的に取り組んできました。

新春決起集会、事務所開きとも会場が満杯になり、党外からの応援スピーチでは「三反園県知事に公約を守らせるために、たいらのために私は100票読んでくるよ。皆さんも票を集めよう」とスピーチしてくれました。積極的な発言に私も驚きましたが、こうした積極的支持者の力も生かして当選をめざしていきたいと思います。

プレ本番に取り組んだ理由は、率直に言ってまだまだ機関も支部も「ギアチェンジ」されておらず、燃え上がっていないことが理由でした。この9日間、宣伝力と組織力を高めながら、全県・全地区を励まし、勝利するために候補者、議員団、党員が一体となって、迫力をもってウソとごまかしの安倍政権と、ウソとごまかしの三反園県政を変える展望を語り始めました。まだまだ「ギアチェンジ」されていない支部も残していますが、全党員、全後援会員が、どんなことを具体化して力を発揮していくのか、政治情勢の討議と具体化のイメージを明確に持ちながら、荷を分かち合い、本気モードに入った勢いを絶やさず、3月1日、また投票日に向けて、取り組みたいと思います。

まつざき県議の後を継ぐたいら候補は、2年前、鹿児島県知事選で三反園県知事と川内原発の再稼働を許さず、停止と廃炉の政策協定を結び、候補者を降りて三反園さんを知事に当選させた最大の立役者です。しかし知事はこの2年間、たいらさんをはじめ、市民団体の皆さんが話し合いを申し入れても、会おうとはせず逃げています。川内原発再稼働に関しても「自分には権限がない」と原発再稼働を容認し、3号機増設の予定地の保安林を伐採し、造成工事を容認しています。知事に公約を守らせるのはたいらだと押し出していきたいと思います。

また、アメリカと安倍政権は、沖縄同様に鹿児島の米軍基地化を狙っており、種子島で民有地を初めて使用する日米合同訓練に三反園県知事は許可を与え、西之表市の馬毛島を離着陸訓練基地にするために政府と土地所有者が合意し

て買収することが報道されました。私たちが取り組んだ県民アンケートには「何とかしてくれ日本共産党」とやり場のない安倍政権への怒り、三反園県知事への怒りがびっしり書かれて返信されてきました。この声にこたえ、命と暮らし、平和な鹿児島、未来を守るために圧倒的な勝利で安倍政権と三反園県政に審判を下していきたいと思います。

私は、地域支部の取り組みと同時に職場支部・党グループの活動をどう発展させていくかに悩んできました。特に、たいらゆきおさんが35年間務めてきた民主的医療機関に党組織があり、その発展が県議選、参院選勝利に欠かせない課題と力を尽くしてきました。そう思うのも医療現場の実態は安倍政権による連続的な医療改悪で、患者のみなさんはもちろん、働いている医師、看護師、事務職をはじめ職員も仕事に忙殺されています。この中でいかにして、党活動に取り組むのか、知恵と工夫、党員一人ひとりの自覚、地区委員会の姿勢が試されていると思います。

この間、地区委員会の援助も弱く、支部会議の開催、方針の徹底、党費や機関紙代の納入、党勢拡大をはじめ、党づくりが進まず、あっという間に1年が過ぎてしまう状況もありました。地方選と参院選をたたかう2019年を迎える前に、こういう状態では選挙に勝利できないと、組織の党のみなさんと話し合いを重ねて打開に向けて取り組んできました。昨年の6月からの「特別月間」で党員決起集会、後援会決起集会、後援会長会議など毎月連続して開くようになり、そのたびに政治情勢やたたかう方針を提起し、話し合いを重ねて意思統一してきました。そういう努力もあり、昨年9月の小池書記局長を迎えた演説会には久しぶりに数十人の党員、支持者が参加し、新入党員を迎えるなど、徐々に変化が生まれています。

全党員が立ち上がるにはまだまだ努力が必要ですが、この間の努力によって支部会議が意識され、「県議選、参院選で安倍政権と三反園知事に審判を下すことは、命を守る現場を守り、誰もが安心して医療にかかれるようにすること。この選挙は私たちの職場にとっても絶対に負けられない。できることは何でもやろう」と臨戦態勢をつくる決意をしました。医師集団の支部をはじめ、たいらさんが県議選に立候補することを早く職員や家族に伝えようと職場の党員が結集し、出勤前にビラ配布をしてお知らせしたり、朝からスタンディングでアピールしたり、職場で後援会員を広げるために後援会の登録と参加を呼びかけるなど取り組みが始まっています。私はこの経験を通じて、仕事に忙殺されている職場でこそ、率直に話の出来る本音の議論と仲間を大事にする「楽しく元気の出る支部会議」、あたたかい連絡・連帯網が求められていると思います。

また、相手がドクターであってもベテラン職員であっても、どんなに職場が多忙でも萎縮せず「あなたの力が必要です。力を貸してください」と率直に呼びかけ、本音でぶつかり合うことが困難を乗り越える秘訣だと、経験しながら感じてきました。

「必勝作戦」が提起され、全力疾走すべき時期を迎えています。選挙勝利の課題も党勢拡大もしんどい思いだが、成功すれば民主連合政府の展望が開かれ、新しい時代が始まるとわくわくしています。田村智子副委員長を招いて2月17日に演説会をやります。会場いっぱいで決起集会としても、この「必勝作戦」の結節点としても、成功させたいと思っています。

私の話は、きょうは一部しか紹介できませんでしたが、全文は『月刊学習』2月号に掲載しておりますので、一読を呼びかけて終わらせていただきます。ともに頑張りましょう。

「考えただけでも楽しくなる」――支部とともに成長する地区委員会活動

神奈川・川崎中部地区委員長　佐川　潤

最初に「統一地方選挙必勝作戦」について述べます。

地区委員会の統一地方選挙の政治目標は、定数3の中原区県会と幸区・中原区市会の現有議席の絶対確保、定数2の幸区県会の議席獲得の挑戦です。中原区県会は、前回36年ぶりに獲得した議席であり、連続当選自身が大事業だと思っています。市会は神奈川県内最大の激戦区だと一般紙もとりあげています。選挙独自の活動は、候補者先頭に、武蔵小杉駅の混雑解消など要求実現で無党派・他党派に切り込んでいますが、勝利に不可欠な宣伝・組織活動、党勢拡大は遅れています。したがって、「統一地方選挙必勝作戦」の提起は大歓迎であり、二つの課題の目標達成なしに選挙勝利の保障はないという立場で、挑んでいきたいと思います。同時に、この間の支部の経験に学んで、「統一地方選挙必勝作戦」の推進を図っていきたいと思います。

一つは、支部が持っている財産を活かし、足を踏み出すことです。いま情勢の大激動が起こっています。年始の活動のなかでも、自民党員が「安倍さんは好き勝手にやりすぎてこわい」と離党し、今度は共産党を応援するという変化が報告されています。安倍政治サヨナラ選挙は国民が願っており、いまこそ打って出る時です。中原区の下小田中支部は、「支部の伝統のハンドマイク宣伝」「宝の後援会ニュース」と言って踏み出しています。私も知らなかったのですが、支部は歴史的にハンドマイク宣伝に頑張ってきた自負があり、そのことを支部は伝統だと言っているのです。支部が対応する後援会ニュースは、他党支持者、無党派の方にも読んでもらっており、年始の活動では他党支持者にも働きかけています。そのなかで支部は情勢の変化を実感しています。自民党のポスターを張っている町会役員を訪ねると、対話した奥さんから「私は隠れ共産党ですから」と言われ、支部の党員が驚かされました。また、選挙の時に公明党のポスターを張ってある商店を訪ねました。店主は、昨年末に公明党支援者から「支持してくれれば買ってあげる」と言われたことを話してくれました。同時に、その言葉に店主の息子さんが怒り、張ってあったポスターをその場で破り捨て、持って帰らせたと話してくれました。店主は、「気持ちがスカッとした」と言ったそうです。こういう経験も受けて、支部は「すそ野を広げたい」と述べています。「統一地方選挙必勝作戦」の目標は、従来の活動では達成できません。それだけに支部の伝統と宝で踏み出し、すそ野を広げたいという確信をつかんだことは重要だと思います。

もう一つは、党員を増やして選挙をたたかうことが、支部に受けとめられるということです。地区常任委員会の論議で、党大会後の党員拡大成果支部が4割台でとどまっていることを直視し、「現状では選挙で、支部の力を発揮することができない」「系統性が求められる党員拡大で常任委員会が責任をもって援助し、必ず困難支部で党員を迎えよう」と意思統一しました。この議論は始まったばかりですが、大事だと思います。私はさっそく困難支部の支部会議に参加しました。参加した地域支部は6人の在籍で、活動上も困難に陥っていました。地区の援助が行き届かず、長く党員拡大が中断している支部です。しかし、正面から「統一地方選挙必勝作戦」と1月の党員拡大を討議しました。市民運動で頑張っている人に再度入党を働きかける知恵が出されました。支部会議後、会議に参加していた若い党員から私に「自分が関係性を作るのは難しいが、入党を訴えたい人はいる」と話がありました。困難と思えた支部も正面から党員拡大を討議すれば、党員拡大の道は開かれると思いました。

いまある支部活動の発展の芽に光を当て、「統一地方選挙必勝作戦」の全党運動、二つの課題の目標達成の流れをつくりたいと思います。

最後に、報告でよびかけられた、「選挙の中でこそ、法則的な党活動の探求・発展」について述べます。この提起は、最後に言われた七つ全部ではなく、一つでも二つでもヒントをつかむことが大事ではないかと思いました。そして、わが地区の法則的な党活動の探求・発展をつくる、オリジナリティある地区委員会をつくろうということではないかと思いました。川崎中部は、支部に出かけ学び、知恵と力を尽くすリーダーシップの発揮ということを探求してきましたが、今回の報告や発言をヒントにして、より全面的にオリジナリティをつくっていきたいと思います。コピーや衣替えではなく地区のオリジナルをつくる、考えただけでも楽しくなります。

私はこれまで地区委員長として自信を失うこともありました。いまも進行形で一喜一憂します。そんなとき、いつも励ましてくれるのは、支部の党員であり、支部の活動です。支部の活動があってこそ地区のオリジナルはつくられつつあるのかと思います。同時に「法則的な党活動の探求・発展」を「選挙の中でこそ」と提起がありました。この「選挙の中でこそ」が大事な点だと思います。同時に、力がいる活動であり、地区委員長として知恵の出しどころです。新しい挑戦として挑んでいきたいと思います。ともに頑張りましょう。

1・6小池演説会の成功を力に、「必勝作戦」やりぬく

岡山・岡山地区委員長　矢引　亮介

岡山地区は前半戦では、県議選と政令市の岡山市議選をたたかいます。「統一地方選挙必勝作戦」をやり抜くために、各選対で具体化が始まっています。北区選対は正月明けに相当突っ込んだ議論をして、まず1月中に支持者台帳を当たりきろうと決めました。北区は県議1議

席、市議2人の現有議席確保をめざしますが、市議一人は現・新交代の簡単な選挙ではありません。中区選対は1月中にいまある名簿、後援会ニュース会員4000人に当たりきろうと決めました。中区は県議1人、市議1人の再選をめざします。特に県議は定数4で再選をめざしますが、山下法務大臣の地元の選挙区ということもあり、自民党が二人目を出す動きをしております。そうなれば厳しい選挙になります。

3月1日までに「必勝作戦」をやりぬく展望が岡山地区にとってどこにあるでしょうか。一つは、1月6日に行った小池さんの演説会の成功が力になるということです。前回の1・6倍の1400人、会場ほぼいっぱいで3割近くが党外からの参加で成功しました。

感想を紹介しますと、ある読者の方は、「半年ごとにやってほしい。正しいことでも難しい話は聞きたくない。半年ごとに小池さんに来てほしい」と言いました。また別の読者の方は演説会の帰りに、道で出会った人にさっそく支持拡大をしたということです。また南区の支部長さんは帰りのバスで「資料に入っている入党呼びかけパンフをよく読んでください。選挙を手伝ってください」と呼びかけると、初めて参加された方が、「手伝うことがあれば何でも言ってください」とこたえてくれたそうです。また教員支部はこれまであまり外に出ることがなかったんですが、演説会後の支部会議で5～6人の「赤旗」をすすめる対象者があがるなど、小池さんの効果が出ております。また中区から演説会に参加された方が、福祉職場で「演説会が良かった」と伝え広げてくれ、それを聞いた別の方が党員宅をわざわざ訪ねてきて、「DVDになりますか。みんなで見たいのでほしいんです」と話したそうで、びっくりしました。また年末に市会議員と支部長さんがある地域を訪問した時に「国民年金だけの人は少ないと言わず、自己責任だ」と言っていた方も、初めて演説会に参加され、終わった後に、「とても有意義でした」と感想を述べたそうです。そういう意味で、いま演説会を聞いて決起が広がっていると思います。

また党員拡大でも、いくつかの支部が演説会参加者の感想を聞きに訪問する中で入党者を迎えております。北区のある支部長さんは、演説会が終わったその日の夜に、参加のお礼と感想を聞いてまわりました。するとその中でお一人の方が、年末に5000円のカンパをくれた方ですが、「今の社会はおかしい。入党して変えていきたい」と表明され、後日きっちりと話をして党に迎えることができました。また中区の支部も氏平県議と一緒に参加者を訪問。一人は「感想文を書いたので取りに来てほしい」という方で、訪ねると「入党したら、何をするの？若かったら入党したかった」と話してくれたので、「きちっと入党の話をしたい」というと約束がとれました。こういう意味で小池演説会で党員も読者の方も意欲が高まっており、ここを力にしてやっていくことができると思っています。

「必勝作戦」をやり抜く展望の二つ目は、党に、支部に力があるということです。県委員長のアドバイスによりますと、前回4年前の選挙で岡山地区は支持拡大で3月1日までに、最終の支持拡大の約16％、3月1日から告示までの1カ月間で約50％、本番入って、3分の1をやったんですが、そういう意味で言えば、1カ月で一気にやる力があるわけですから、みなさんが何度も言われているとおり、それを前倒しで3月1日にむけてやっていく力は十分にある。そういう気にさせるかどうかという意味で言えば、ここも演説会が力になっているし、やはりカギは今までやってきたことだけをやるというのではなく、得票目標を実現する、ここに本気で挑戦するかどうかが機関に問われていると思います。

また対話もしやすくなっていると聞いております。ある支部長さんは、今までは3000万人署名をもって、最近は消費税署名をもって訪問すると、相手の対話が全然違うと。憲法の時はこちらが主に話す。消費税は相手がどんどん話してくれる。「いま増税とは政府は何考えているんだ」とか、「財源はどうしたらいいのか」とか、ドンドン対話になる。そういう意味で広げていく力があると思っております。

　最後に昨日の報告の地区委員長アンケートから学んだことの中で五つ述べます。

　一つはやはり党員拡大です。根幹にすえることです。岡山県党は9月に県活動者会議を開き、市田さんが来て、党員拡大問題を詳しく話してくれて、その月には岡山地区も13人の入党者を迎えることができました。しかし、その後、その効果は薄れ、やはりまだみんなのものになっていない。今回は小池演説会の効果があるので、ぜひ成功させていきたいと思います。

　また、「楽しく元気の出る支部会議」についてですが、ある支部長さんは、「演説会の案内のとき、お誘いはできても、演説会の魅力を話せなかった。対話する力をつけようと、支部会議で日曜版を使って政治討議をするようにしている。『日曜版のどこを読んでいますか』と聞くと、あまり1面～3面を読んでいない、だいたいクロスワードパズルだとかということで、そこを改善したい。小池さん・志位さん頼みではなくて、支部のみんなが話していけるようにしたい」と話しています。

　また世代的継承は昨年一年で青年党員6人、民青同盟員6人迎えました。その前の年は両方ともゼロだったので、毎月青年学生委員会を開いてきたことで、ベテランの党員の人たちも踏み出す力になっていると思います。

　また機関紙誌の集金問題でも3年前は300万円の滞納があったのが、昨年はついに完納することができました。今年は財政改善をはじめる年にも考えております。

　最後に学習についてです。12月の地区委員長研修会にも参加させていただき、不破さんの講義を聞いて、刺激を受け、年末年始に宮本顕治・元議長の新春インタビュー約30年分を読み直しました。一つだけ心に残ったことを紹介すると、「学習は人間の生きる根本だ」という言葉です。岡山地区党も読了がだいたい20％と本当に低く、ただ「読んだか、読んだか」という指導になっておりまして、本当に学習が人間の生きる根本だ、そういう角度からみなさんの成長をはかっていきたいと思っております。

　統一地方選挙・参議院選挙を頑張りたいと思いますので、よろしくお願いします。ありがとうございました。

地区党3から7へ議席倍増の教訓生かし、県議選で必ず議席獲得を

富山・呉西地区委員長　瘧師　浩元

私は地区委員長になってまだ10カ月の新米ですので、どうかよろしくお願いします。呉西地区の場合、統一地方選は県議選だけです。それ以外の選挙は分散してやられているので、統一

地方選は県議選だけに集中することになります。

２０１７年以降、中間地方議員選挙で議席が倍増することができました。と言っても10人が20人になったというわけでなく、３人から７人に増えただけでありますが、この経験を中心にこの間の取り組みを報告しながら、参院選比例の得票目標と定数３の県議選の射水市選挙区で必ず議席を獲得する決意を述べます。

呉西地区には六つの市があります。２０１７年1月時点で党が議席を持っていたのは3自治体だけでした。こうした中、同年4月に砺波市議選で議席を回復、10月の高岡市議選で1から2議席に、11月の射水市議選でも1から2議席に、これは無投票で議席が増え、２０１７年中に連続的に議席を増やし3人から6人になりました。２０１８年は複数をめざした小矢部市議選、空白克服に挑戦した氷見市議選をたたかいました。残念ながら小矢部市議選では現有1議席にとどまりましたが、氷見市議選では女性の新人が当選して16年ぶりに党議席を回復して、地区全体では7議席に前進することになりました。

この議席増の教訓として、いくつかありますが、大事なことの一つは、選挙勝利をめざして党勢拡大を位置づけたことです。氷見市議選では勝利のために党勢拡大が不可欠だと何度も討議し、選挙活動のなかに党勢拡大を位置づけました。候補者が立命館大学出身だということで、市田副委員長にも演説会に来ていただきました。「特別月間」の最中で、市田さんは「その日のうちに党員を増やしてくれ」と演説会で言われましたが、その日に増やせなくて、地区委員長として弱ったなあと思いましたが、結果としては、前回市議選比で党員１０８％、日刊紙読者１３０％、日曜版読者１００％で選挙をたたかって、これが勝利に大きな力になったと思います。

小矢部市議選でも積極的に党勢拡大に取り組みました。「特別月間」では2人の党員を増やし、議席増に挑戦した新人候補を積極的に支援した36歳の青年は、選挙後も支部の「集い」や学習に参加するなかで、フランスのマクロン政権に反対するデモを見て、「おかしいことに何も言わなければ、それを認めたことになる。そんな生き方はしたくない」と、なかなか入らなかったのですが、昨年12月に入党してくれています。

二つ目には、呉西地区は補助指導機関を重視して、六つある自治体のうち五つで補助指導機関をつくっています。一つの自治体でできないのは、支部が一つしかないので、補助指導機関にならないためです。その指導機関を中心に、地区党が一体になって選挙を支援してきたということがあると思います。補助指導機関はどこも機能しておりまして、月2回以上会議を開いて、地域の問題を議論しますし、地区委員会で決めた方針をもとに支部を援助してくれております。そういうものが力になって、他の自治体の議員選挙の際には、各市委員会が支部をまとめながら力を発揮して、地区党あげた強力な支援ができています。

私は氷見市議選に張り付いておりました。その際にも「本当によく援助にきてくれるなあ」と思っていました。それを見ていた地元の今まで自民党の選挙しか応援したことがない人が何人も応援してくれましたが、一人の女性が「自民党や保守の選挙では、事務所内がピリピリして罵声が飛ぶし重苦しい。だけど共産党の人たちは気さくで楽しそうに話しながら運動している。それでいて積んであったビラもあっという間になくなる。こんなに楽しく選挙をする人たちの集まりなら、自分も共産党に入ってもいいくらい」と話していました。結局まだその人は入っておりませんが、同様の話は他の人からも聞かれております。

3から7に議席が倍増したことで、地区党の多くの党員は、議員選挙勝利に大きな確信をもってきていると思います。県議選の射水市選挙区は定数3で、これまで3回議席を獲得しようと挑戦してきましたが、自力の弱さもあり、あと少しのところで議席を獲得できませんでした。今度こそということで、せっかく2議席になったところですが射水市議会議員の津本ふみお市議を候補者として擁立し、昨年4月からずっと回っております。すでに1万軒以上訪問しており、津本リーフを作り、いままでは全戸配布をしたことがありませんが、それを全戸配布すると、自民党の有力者が、富山弁で「津本さん、もう2回もまわったがやねえ。評判いいぞお」と津本さんに声をかけてきております。実際には全部を1回まわっているわけではないのに、リーフが2回まわった効果を発揮しているのは、私たちもびっくりしたところです。

選対では、3月8日に500名規模の演説会を計画しています。保守層の票を獲得するために今1000人の名前を連ねたビラの作成も準備しています。500名の演説会というのは、地区でもやったことない数であります。演説会を成功させ、勢いをつけていくためにも、3月1日までの「必勝作戦」、それに向けて、テレデータが1万6500あるが、それを含めて1万8000の対話を必ずやりあげる。他の地区の援助も受け、地区党の総力をあげてたたかいたいと思っています。

党勢拡大は、党員拡大が選対では弱いので、もちろん参院選とのからみでいうと全支部が前回参院選時を3月1日までに回復しなければいけないが、特に射水の党が先陣を切るように、その面でも頑張って必ず勝利するよう決意を申し上げて発言を終わります。

県議選必勝へ、「集い」を推進軸に 宣伝・対話・党勢拡大を

佐賀・北部地区委員長　浦田　関夫

私は、佐賀県北部地区委員会の委員長と唐津市議会議員を兼務し、〝二足のわらじ〟で地区委員会を引っ張っています。地区委員会は、合併するまで2市7町2村でしたが、合併して唐津市・伊万里市・玄海町の3自治体で構成しています。統一地方選の政治目標は、井上ゆうけ県会議員と船津賢次伊万里市議の再選を勝ちとることです。

主に県議選挙の取り組みについて報告します。唐津市・東松浦郡選挙区の立候補の状況は、定数6に対して7人が立候補を予定し、1人はみだしの少数激戦が予想されています。党派別では日本共産党が1名、公明党1名、自民党4名、無所属元職1名の7名です。

4年前に、29歳で唐津市議会議員になった井上同志を、市議2年目にして県議選挙に立候補させることにしました。党内外から激論が交わされ、「市議経験を積んでからでも遅くないのではないか」「市議選を踏み台にしているのではないか」などの意見もあるなか、私たちは若い候補を県議に立候補させると決意をし、選挙戦に臨みました。そして5906票で5位当選、40年来挑み続けた唐津市・東松浦郡選挙区で初めて日本共産党の議席を獲得しました。今

回は少数激戦ということで、８０００票以上をとらないと当選できない、厳しいものがあります。この８０００票は、８５０万票、15％の参院比例目標に合致するものです。井上県議再選のために、全地区あげて全力で頑張らなければならないと、昨日の志位委員長や参加者の発言を聞いて決意を新たにしているところです。

選挙の争点は原発問題、平和憲法を守る問題、地域経済を守る選挙として位置づけています。選挙区内には玄海原発があります。３・４号機が再稼働しましたが、テレビ局のＳＴＳの世論調査では、県民の半数以上が「反対」の意思表示をしています。また、自民党佐賀県連は、憲法改正推進本部を設置し、改憲に執念を燃やしています。選挙区の自民党県議４人はすべて日本会議のメンバーです。今回の選挙は、自民党を４議席から３議席に減らして、憲法を変える動きにストップの意思表示をする選挙をめざしたいと思います。

また、私たちの地域は、県内でも農漁業が盛んな地域です。新年のあいさつで伺ったＪＡからつの幹部は、自動車はじめ工業製品の輸出のために日本の農業を生贄に差し出す安倍政権について、自由貿易への不安を話しています。地域経済と農業を守れという声は、保守と革新を超えた選挙でもあります。争点を鮮明にし、有権者の心に響く政策を前面に押し出してたたかっています。

また、今回の選挙では、市民と野党の共同のたたかいという点でも努力をしています。先の知事選挙で、市民団体や反原発グループの皆さん方から協力をいただきました。たとえば、公共掲示板４１７カ所に対して59カ所、14％に貼りだしをしていただきました。また、チラシ配布３万枚に対して２６００枚、８・６％を協力していただきました。街角・街頭演説にも多くの方に参加をしていただきました。また、社民党の市議会議員は、知事選での個人演説会や街角演説会でマイクを握っていただきました。

これまで取り組んできたことについては、とくに、「集い」があります。「集い」を開いた支部は、全体で76％となります。ある支部は、支部会議のなかで、「共産党に会場を貸してくれるだろうか」「開いても参加者が来てくれるだろうか」と侃々諤々《かんかんがくがく》、実施するまでに３カ月かかりました。区長さんに、公民館の借り入れのため、井上県議と一緒に支部長が伺うと、あっさり「いいですよ」ということで、「ただし、利用料はいただきます」となりました。そして、井上県議と地域の案内活動をするなかで、３人の党外の方が参加されることがありました。複数回「集い」を開いて、集落のすべての公民館で「集い」を計画している支部もあります。また、開催に躊躇していたある支部は、他の支部からの刺激を受けて、実践に踏み出しました。会場である支部長の自宅の周辺にチラシ２５０枚を配布し、二人の方が参加したことが、支部活動に確信となっています。

しかし、党勢拡大は後退傾向が続いています。とくに、高齢化と人材不足、自力不足であります。北部地区委員会は、私以下、５人の非常勤でまわしており、専従勤務員はおりません。昨年の地区党会議で、退職教員など２人を地区委員と地区常任に迎え、指導体制を補充することにし、このことで支部指導、選挙準備がすすむことになりました。また、県委員会からも、県議選対に事務局長を派遣してもらい、連日、選対ニュースの発行を行い、それが力となっています。

地域をまわると、「政治を変えたい」「安心して暮らしたい」との声が広がっています。この声を託せる、若い行動力のある井上ゆうすけ県議と、ベテランの船津賢次市議再選に全力を尽くして頑張りたいと思います。そのためにも、３月１日までに「統一地方選挙必勝作戦」を必ず成功させ、参議院選挙勝利への決意を述べて発言とします。

党の値打ち語り、比例110万票実現を

東京都委員長　若林　義春

東京は一昨日、都党会議を開きまして、遅ればせながら、ようやく統一地方選挙の221名の候補者全員の擁立をおえることができました。いよいよ取り組みをダッシュさせる段階です。昨日の志位さんの報告をうけながら今日は二つの点について発言をします。

志位報告でもこの地方選挙にむかって政党の値打ちを大いに語ることが強調されました。私は、共産党の綱領路線の問題や、国政問題や区市町村の値打ちとともに、都民の関心が大きい都政での劇的変化を紹介したいと思います。全国のみなさんの応援で、わが党は先の都議選で19議席に躍進をすることができました。同時に、重要な成果は、「共産党対自公」という対決軸を前面に掲げて、自民党を23議席にまで減らしたということでありました。そういうもとで、いま都政で何が起こっているか。一方で築地市場の豊洲移転での公約違反、あるいは大型道路などの大型開発促進という大問題をもちながらも、暮らしと福祉、営業、教育、民主主義という点では、この間にない施策に東京はふみ出しています。保育予算はこれまで最高の予算を連続的にくみ、教育分野での施策でも3割高校生の学費無償化、体育館を含め小中高のクーラー設置の促進、まだ額は少ないですが国保料をおさえる都独自の補助にもふみ出しています。さらにこれに加えて、昨年6月議会では、ヘイトスピーチを規制し、LGBTの方の人権を守る人権条例が提案されました。12月議会では中小企業振興条例が提案され、いずれも可決成立をいたしました。この人権条例の議論では、共産党から「憲法を生かすべきだ」という要求をしたら、ただちに取り入れられた人権条例になりました。これらは都民の世論と運動とを結んでの共産党都議団の奮闘を無視できないことの現れであります。

私は、50年間都政を見てきて、革新都政の時代を除いて、共産党都議団の主張が、これだけ活かされる都政はいまだにみたことはありません。やはり共産党が躍進し、自民党を激減させたこと、これが決定的だと痛感しています。いま都議会では、第1党の都民ファーストは55議席をとったわけですが、すでに5人が離党しました。さらにひろがり瓦解がすすんでいると報告されています。そのもとで、わが党は自民党や公明党と互角の議席をもってたたかっている、そのことがこういう政治の劇的変化を生み出しています。私は、これは大いに東京の党の値打ちをあらわすものとして地方選挙でも語っていき、消費税増税問題をはじめとした国政問題、区市町村政問題とあわせて党の値打ちを前面におしだしてたたかう決意であります。

発言したい今一つは、統一地方選挙の勝利と結んで、東京が参議院選挙で正真正銘110万票にいかに挑むか、この決意を述べたいと思います。この点では、東京は110万票を獲得す

ることがなぜ必要か、その意義を党員と支持者に徹底する、これが大事だと思っています。一つは、何といっても比例代表選挙、小池書記局長だけではなく、比例7人当選への大きな力となること、850万のうちの110万でありま す。特に現職5人の方とあわせて、北関東の梅村さん、南関東の椎葉さん、何としても新人2人も当選させたいという思いを強めています。

二つは、東京選挙区の吉良よし子候補の再選への一番確かな保障であるという点です。志位さんは、たたかいの出発点は一昨年の総選挙での比例票にあると指摘されました。東京でいうと62万票。この共産党の得票を1と考えると、自民党は2・9人分、立憲民主党は2・3人分とりました。この土台のうえで、各党はどう候補を擁立しているか。自民党は、すでに2人の現職を公認する、さらに有名人を3人目として擁立することを模索していると伝えられています。公明党は現職の山口代表。これに対して野党側は、現職はわが党の吉良さんと、自由党の山本太郎さんであります。これに加えて議席がまだない立憲民主党が、名前は決まっていないですが2人擁立する。国民民主党も1人を擁立することになっています。あわせると有力9人で6議席を争うということになります。6人区だからといって、衆議院選挙の力関係を出発点に考えると、マスメディアで流されている「吉良大丈夫」論は成り立たないと考えています。ここを出発点に、比例を大いに押し上げることが吉良再選の最大の保障となると考えています。この認識を東京の党員だけでなく支持者全体に広げたい。そして東京で比例110万票の勢いをつくれば、大阪、京都、東京の現職に続くもっとも選挙区で近いといわれる4人区の神奈川、定数が1増えた埼玉、神奈川の浅香さん、埼玉の伊藤さんを押し上げる力にもなっていくだろう、ということで東京の共産党の勢いをつくりたい、これが二つめです。

三つめに、統一地方選挙の大幅な得票増と全員当選にこの比例票の押し上げが直結するということであります。前回は直前の衆議院選挙の比例88万票を土台に勝利しました。今回は、その比例票が3割減の62万票、仮に前回の得票を3割減らしたら、共倒れやとりこぼしは避けられません。ここからいかに押し上げるか、今日、広範な有権者は地方選挙でも政党をより重視して選ぶ傾向を強めているとの調査結果がでています。共産党そのものへの支援の流れを強くしてこそ、勝利の道が開かれる、このことをおさえてたたかいたい。そういう大きな政治を変える構え、それが110万の比例票獲得である。容易じゃありません。しかし、その政治的構えを東京の党にうちたてることが、安倍政治と自民党政治を終わらせるにふさわしい構えになるだろう。そのことが提起されている当面の「必勝作戦」に元気で前向きに攻勢的に取り組む保障ともなると確信しています。

東京は、引き続いて青年学生のなかでの強大な党と民青づくりをすすめながら、110万得票で東京の新時代を切り開きたい。いま青年は昨年1年間の努力で、民青同盟も実質で4桁に近づきつつあります。この人たちに依拠して、おおいにこの分野でも新しい局面を切り開き、当面の二つの選挙の勝利を先頭にたって頑張る決意を申し上げて東京を代表しての発言にかえます。

安倍政権追随の県政と対峙する党県議団
5人から6人以上へ

奈良県委員長　細野　歩

　志位委員長は昨日の報告で今度の二つの選挙の意義にふれ、安倍政権のウソと隠ぺいの政治がいよいよ極まっていることを厳しく批判しました。奈良県でも昨年、党員拡大や読者拡大で歩くと、「早く安倍さんを辞めさせて」と入党者や購読者が次々と生まれています。それは強さの表れではなく、強権とウソでしかこの国を統治できない破綻の証明に他ならないとの指摘は、安倍政権の悪政の強行に悔しい思いを持ちながらも半ばあきらめを感じている国民、同志を励ます中身だと受けとりました。そのあとで志位委員長は、この暴走を許すなら日本の政治と社会に取り返しのつかない災いをもたらすことになる。それは新しい軍国主義とファシズムへの国家改造へ向かうとの指摘は、今回の二つの政治戦が本当に抜き差しならない、絶対に勝利しなければならない選挙であることを一層深く自覚させるものでした。まさしく日本の命運がかかった選挙です。奈良県で、第一の関門である統一地方選挙、そして連続する参議院選挙で必ず勝利、躍進することの決意を最初に述べたいと思います。

　志位委員長は、統一地方選挙の政治論戦についてふれ、あらゆる分野で深刻な矛盾が噴出していると報告しました。私たちの活動する奈良県、荒井県政はその典型だといえます。国民健康保険の全県一元化はもとより、安倍政権の進める地方創生、観光立国などに追随し、不要不急の産業用地造成や京奈和自動車道の大和北道路地下トンネルの強行、県営プール跡地に超高級ホテルを誘致し、その開発に２００億円を投じる開発を進めています。

　政府が進める医療費削減に呼応し、県民の医療費を抑制するために過大な医療費削減目標を決め、達成できなければ診療報酬を引き下げる、本来保険点数1点につき10円を9円にする計画を打ち上げています。

　荒井県政は生徒数が減るとして10年前に10校減らした高校を、いまでも少ない県立高校をさらに3校削減を提案。6月議会で一気に決定、9月議会では具体化する条例を決めました。あまりに乱暴な決め方に、同窓生や教育関係者、保護者が一気に反対の運動を起こしています。

　奈良公園に高級ホテルを誘致するとして、これには近隣住民だけでなく幅広い反対運動が広がり、4万人分をこえる署名や、粘り強い運動が広がっています。わが党の5人の県議団は、こうした荒井県政がすすめる住民、関係者の声を無視する強権政治に対決して「オール与党」の議会の中で、県民と市民と共同してたたかっています。

　そのなかで今度の統一地方選挙と同時に行われる奈良県知事選挙は、国いいなりどころか、率先して悪政を推進する荒井県政を何としても終わりにしたいとの声が広がりました。高校削減に反対する同窓生、親のグループ、あるいは奈良公園への高級ホテル誘致を何としてもストップさせたいと願う市民運動の広がりが中心となって、県政史上初めて市民派の候補者が誕生しました。

昨年12月18日に立候補を表明した川島実さんは、京大医学部出身、その間にもプロボクサーの経歴も持っています。医師免許も持ち、沖縄や和歌山で医療に従事し、東日本大震災の際には宮城県気仙沼の市立本吉病院の院長を２０１０年から約3年間務める異色の経歴の持ち主です。父親の病気もあって奈良に帰ってきたところ、奈良でぶつかったのが、先ほどの荒井県政の暴政でした。当事者の意見を聞くことなく進む高校削減、先にも触れた地域診療報酬の導入・提案です。出馬にあたっての川島さんの決意は、「ＰＴＡや自治会活動を通じ行政との対話において共感の欠如を強く感じています。国民健康保険料の全県一元化問題や高校再編問題等、当事者への丁寧な説明や対話がなく、地域住民との共感が得られないまま進んでいく県行政の在り方に、強い危機感を覚え奈良県行政を変える必要を強く感じた」と立候補表明のペーパーには書かれています。

川島さんや支援する仲間は、政党や推薦の支持は受けないとしていますが、県政上の課題や運動に真摯に取り組んできた奈良革新懇、とりわけ共産党県議団には信頼を寄せてくださっています。党県議団は、高校削減問題で、昨年6月議会で多くの保護者、同窓生が見守る中で宮本次郎県会議員が、こんどの削減計画が経済的困難が広がる中で、本来公教育を補償すべき県が、県立高校を減らすことは、閉校される高校への入学を希望していた子どもたちの夢を奪うものであると追及しました。しかも、今回の削減の真の狙いが、県内トップ進学校の耐震化工事を先延ばしにし、それをしようとすれば40億円あまりかかるために、すでに耐震工事がすんでいる県立高校をつぶし、そこに移設することで3億円あまりの費用で済ませようとしたことが背景にあったことがわかり、関係者の強い怒りをよびました。党県議団の議会での追及、関係者・住民との共同の姿勢が信頼のもとになっています。

また、奈良公園にホテル誘致を強行する荒井知事は、反対運動でたたかっている株式会社モンベル会長の辰野さんに「一人で反対している」と攻撃しています。その辰野さんは、ホテル誘致反対の一致点で昨年、日曜版12月2日号に登場いただきました。候補者である川島さんは、先の問題意識をもってモンベル会長や高校削減に反対している方々と結びつきつながり、先の立候補の決意に結びついています。

先ごろ1月12日、13日には橿原市と奈良市で集会をもち４００人が集まりました。市民のみなさんが立ち上がった県知事選挙を、党や後援会のみなさんは大歓迎しています。川島さんは先の集会で荒井知事が県民の声を聞かない県政だとして自ら対話でつなぐ奈良の会を立ち上げ、県民との話し合いを重視しています。

来るべき統一地方選挙では、奈良県党は3期連続つづいた5人から、6人以上の県議団の実現をめざし、安倍政権と対決する党の役割を語りながら、荒井県政ときっぱりたたかいます。知事選では、市民派の川島実さんを応援し、県会5人の現職絶対確保とともに6人以上の県議団をめざしてがんばります。

後半戦では31名の当選を勝ち取り参院選の勝利躍進につなげる決意です。一月の飛躍を勝ち取る決意です。

支部を励まし一緒にたたかう地区常任委員会の役割貫いて

埼玉・西南地区委員長　辻　源巳

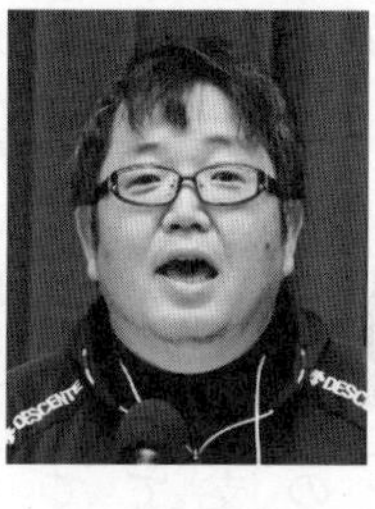

プロ野球西武ライオンズの本拠地、西武ドームのすぐそばに事務所があり、野球やコンサートがあると若い党員がうちの駐車場に車を止めて見に行っています。人口34万人の所沢市をはじめ、入間市、狭山市、飯能市、日高市の5市87支部を管轄しています。

昨日の志位委員長の報告の最後、地区委員長アンケートから学んだ七つの点の一つ目、「地区委員長の構えが党組織の全体を励ます」という点に絞って、これまで努力してきたこと、報告や討論で学んだことを発言したいと思います。

私は17年間地区委員長をしてきた前任者を引き継いで、14年2月に地区委員長になり、間もなく5年がたとうとしています。偉大な前地区委員長の後を引き継ぐ自信がなく、最初は本当に戸惑いばかりでしたが、「地区委員長が変わるときは地区委員会が変わるチャンスだ。辻君の思う通りに党を変えるつもりで頑張ればいいよ」と前地区委員長に言われた言葉をよりどころに頑張ってきました。

地区委員長になって感じたことは、地区機関と支部の間にある壁の存在でした。前地区委員長の長年の努力にもかかわらず、支部から見ると地区委員会、常任委員会はまだまだ上にある存在であり、次から次へと無理難題を提起してくる厄介な執行部という受け止めがあったように感じます。だから行政区や支部の会議に出かけても「何を言われるんだろう」「できれば来ないでもらいたい」という空気が少なからずあったように感じました。

しかし、私たち地区機関は課題を押し付けに行くわけではなく、むしろ一緒に困難に立ち向かい打開の糸口を見出すため、そして一緒に綱領を実現するために行っているわけです。この誤解を解き、「大志とロマン」を共有しなければなりません。よく国民と党の間に壁があるなどといいますが、党内に壁があっては、国民との壁など壊せるわけがありません。とにかく現場に足を運び、「支部や支部長と同じ目線で同じ方向を向いて一緒にたたかうんだ」という構えを見せることが大事だと考え、地区委員長の私がその先頭に立ち常任委員会がとにかく時間を惜しまずに、現場に行く努力を続けてきました。

行政区の会議にはすべて常任委員が参加するようにし、支部会議にも入って情勢への確信と目標をやりきる意義と展望を語っています。そして、地区委員会総会は、月2回行い、各行政区、地区役員、議員や各支部と支部長の経験や悩みなどをよく聞いています。目標をやりきる展望を語る際には、実際に打って出てつかんだ生の経験とともに、やればできるということ、そして〝やれば〟ということだけでなく、毎週、毎月の配達・集金活動や駅頭宣伝など、今すでにやっていることが、もうすでに尊い前進をつくっているんだということをリアルに語って励ますようにしています。

また、地区で起きた経験を紹介するニュースを赤旗読者ニュースとして連日、日刊紙に折り込み、支部長へのFAXだけでなく一気に全党員へと広げる努力を続けてきました。生きたニュースにするため、自分もその行動や宣伝に参加し、写真も撮り、その日のうちにニュースにし、翌朝の日刊紙に折り込んでいます。勢い余って、党外の方も読んでいる日刊紙に折り込んではまずいような中身がニュースに入ってしまうこともあり、よくお叱りの電話を受けます。しかし、それと同じくらい「ニュースに励まされる」「自分もやろうと思った」などという受け止めや、実際のふみ出しや成果も多く、確実に支部や党員を励ます力になっています。

また、「楽しく元気の出る支部会議」の提起を常任委員会自らが実践するため、地区活動者会議のラストは団結ガンバローの代わりに、毎回ギターを弾ける議員がギターを弾いて全員で歌を歌っています。また、支部長会議ではNHKの朝ドラの録画を見てもらい、そこから情勢や5中総を深める報告をしたり、演説会ではチコちゃんの被り物をつくって寸劇をやったりと、活動に余裕と潤いをもたらす工夫もしてきました。それによってやはりお叱りを受けることも多々ありますが、以前よりも地区と支部の風通しがよくなり、思ったことが言い合える関係になってきて「支部に来てください」と逆に支部から頼まれるようになってきています。

そして、それぞれの支部を指導する地区役員や議員との関係でも、一緒に支部指導にあたる信頼とチームワーク、責任感が生まれ、月末や選挙など一気に局面を打開しなければならないときに、常任委員会の提起を正面から受け止め、支部に向かう地区役員、議員の力が増してきているなと感じています。

このような変化が力になり、「特別月間」の4カ月では全県トップの52人の新入党員を迎え、読者拡大でもこの11月、12月と県内で唯一、日刊紙、日曜版ともに前進することができました。また、中間選挙への支援や沖縄への支援などの際にも、常任委員会から支部に至るまで〝チーム西南〟を合言葉に団結して頑張って勝利を勝ち取る「たたかう集団」になってきています。以前は消極的な受け止めも多かった支部長さんたちも、いまでは3月1日までのこの大変な「必勝作戦」の提起をとても前向きに受け止めてくれるようになってきています。この間の努力を通じて感じていることは、まさに志位さんの報告で述べられた、地区委員長の構えが党組織の全体を励ましているということそのものです。

私は高校生時代、好きだった女性が別の男性を好きになってしまった。その時、彼女に「辻君はいつも『大丈夫だよ』と励ましてくれるけど、正直重い。その新しい彼は、励ましてくれないけど、とにかく一緒に悩んでとにかく一緒に悲しんでくれるの」と言われました。きっと私の励ましの中身が相手に響いていなかったんだと思いますが、とにかく励まし続けるという私の信念は伝わっていたと思います。その証拠に彼女が新しい彼氏と付き合ってからも、何か落ち込むことがあるたびに私に相談してきました。これは今の活動にも言えることで、西南地区がたたかう集団になってきた背景には、私や常任委員会の励ましの中身もそうですが、「きっと常任委員会はとにかく皆さんを励ましぬいて、一緒に頑張りますよ」という構え、メッセージが地区全体に伝わり、地区全体が意気に感じてくれていることが大きいと感じています。

今後は神奈川北部地区の経験に学び、うちの地区に欠けているすべての行政区と支部と党員が、より分かりやすい「大志とロマン」ある生きた政治目標を持てるような工夫を強めて、3月1日までの「必勝作戦」はできるし、やるんだという強いメッセージ、特に「支持拡大、電話かけは簡単だ。楽しい」という経験を発信し続けて、支部を励ましぬく決意を述べて発言とします。

地区党の悲願＝船橋市県議2議席、必ず勝つ！

千葉・西部地区委員長　淀　裕一

志位委員長と椎葉参院比例予定候補が住む船橋市からまいりました。昨日、船橋市議団控室に市民から電話がありました。「自民党からポスターを張ってくれと依頼があったけれど、共産党のポスターを張りたい」という電話があって、さっそく届けたところ、「自民党は嫌いだ」という話です。

昨年12月の八千代市議選でわが党は3議席から4議席への躍進を勝ち取りました。一方、自民党も公認候補を前回の2人から一気に6人に増やして全員当選を勝ち取るなど、選挙戦は参院選を見据えた各政党間の激しい対決になりました。直前の議会で、消費税増税凍結を求める市民の陳情を自民党、公明党が否決したことにも触れて、「八千代市から安倍政権に怒りの審判を」と候補者先頭に国政問題を正面から訴えたことが力になりました。投票日の2日前、辺野古への土砂投入のニュースがテレビで流れました。翌日、最終日でしたが、小池書記局長に駆けつけていただいて、二つの駅頭で、冒頭に辺野古土砂投入の告発をしてもらいました。駅頭に、私もいましたけれど、その瞬間に空気が変わったという感じを受けました。

さて、県議選で地区党は定数7の船橋市で現職の丸山県議に加え、中沢市議を二人目の候補者に擁立し、悲願の複数議席に挑みます。自民党は現職2人の公認に加え、無所属の2人を推薦し、自民党だけで定数7の過半数を狙っており、まさに自共対決です。相手にする自民党の2人の現職は、安倍首相や森田知事を地方から支える名うての右翼議員です。1人は、県立高校の教科書採択について、南京大虐殺や従軍慰安婦問題を持ち出し、比較的まともな実教出版の教科書を採用した県立高校に対して、どういう授業をやったのかの追加報告を教育委員会が求める、こうした教育現場への異常な介入のきっかけをつくった議員です。もう1人の議員も「大東亜戦争をアジア太平洋戦争と言うような先生方に教わる子どもは非常に不幸だ」「男女混合名簿はまさに革命思想だ。学校を革命実験工場にしているのではないか」など、安倍首相が泣いて喜ぶような議会質問を繰り返している人物です。こんな候補に負けられないし、こうした自民党を落としてわが党の躍進を勝ち取ることがどうしても必要だと決意しております。

わが党の丸山候補は昨年来、平日朝は休みなしで、6時から8時まで街頭駅頭宣伝。最近では他候補に場所を取られないために、厳寒のなか真っ暗な5時半から駅頭に立っています。中沢候補も負けずに連日の駅頭宣伝を続けています。地域での訪問・対話、「集い」も精力的にこなしています。こうした候補者の頑張りにこたえて、現職の議席を絶対確保し、何としても議席増を勝ち取りたい。船橋での県議2議席獲得は、全国的意義を持つたたかいと自覚しています。それ自体が安倍政権への痛烈な審判となり、参院選での共産党躍進、野党共闘の勝利につながる、船橋から野党連合政権の扉を開くたたかいです。複数議席獲得には、一本化目標の5万票が掛け値なしに必要です。現有議席の確保自体が容易ならざる課題であること、まして定数7で県議複数議席を獲得するためには相当の覚悟が必要です。わが党のとりくみが従来の枠内にとどまれば、2議席どころか共倒れの危険もあるのが現状であることを直視し、従来の1・5倍から2倍のとりくみを展開して、5万票の得票目標の達成、2候補の勝利へ、3月1日をめざして一気に活動のテンポを引き上げることが必要です。

県議選複数獲得の条件・可能性はどうか。八千代市議選でも示された日本共産党への期待の声に確信を広げること、それを広く党と候補者への支持に結びつけることができるかどうかです。国政問題を大いに語り、日本共産党支持の大波を起こすことがどうしても必要です。3月1日をめざす「必勝作戦」では、2月23日に志位委員長を迎えて開く大演説会が最大の節目となります。演説会成功を正面に構えて、演説会までに「必勝作戦」目標の大半をやり抜く構えで奮闘したいと思います。

地区党は36年前に県議複数挑戦という目標を直前の判断で取りやめ、その結果県議1議席は確保したものの、後半戦の市議選で5議席を失い3議席となる大失敗を経験しました。今回の複数挑戦に対して、一部には「2人は無理」の気分が残されています。それだけに現有議席確保の厳しさとともに、複数議席獲得が持つ意義、そして条件と可能性をどれだけ共通の思いにできるか、この政治指導を繰り返し強力に進めることが決定的だと考えています。同時に、掲げた各課題のテンポを一つひとつ実際にやりきることの積み重ねが確信を広げ、さらに意欲を広げることにつながります。この間打って出たところでは、安倍政権への怒りの声が次つぎ寄せられます。炊き出し体制をとって、午前、午後と元気に大奮闘を始めた支部も生まれています。これらはまだ一部にとどまっていますが、こうした支部をすべての支部・党員に一気に広げて、大飛躍を勝ち取りたいと思います。

もう一つの大きな問題は、この間県議選で敗北したことがないことから、後半戦の市議選で勝てるかどうかの尺度からだけでものを見る傾向も根強く残されていることです。この問題は、ただ県議複数挑戦という目標を掲げただけでは克服できません。「比例を軸」に積極的支持者を増やし、5万票を獲得する。そして県議選を前面に据えて、この5万票という一本化目標を市議選挙でも貫いて一体的に取り組む構えが重要です。統一地方選挙と参院選の連続勝利は、まず県議複数獲得から切り開く、この過去最高の政治目標達成に総力を尽くす決意を申し上げて、発言を終わります。

野村県議の再選、市議2から3への躍進必ず

栃木・中部地区委員長　横山　明

若干自己紹介いたします。1月13日で68歳になりました。私は入党が23歳で、今年で45年目の党歴です。61歳までは上場企業メーカーに勤務しておりまして、営業本部長などをやっていました、毎日新橋まで通っていました。65歳まで働けたんですが、新橋まで通うのが大変だから61歳で辞めて地元に戻りました。12年の総選挙で後援会活動をやりはじめ、２０１４年の４月の日光の市議選で前の地区委員長が市議選に出るということで、「常任をやってほしい」という話になり、それから地区委員長代理、２０１５年から地区委員長をやっています。

私たちの地域の活動のエリアは、宇都宮市、鹿沼市、日光市、上三川町と3市1町です。今回の県議選再選にむけての決意表明ということなんですが、宇都宮・上三川選挙区での比例票は、実は２０１４年の総選挙では1万５９７３票でした。その勢いで15年の県議選では1万４３５７票を得て、トップ当選をしたわけです。野村県議もどこからこんな票が出たのかとびっくりしています。私たちもよんでいない票がこんなに出るのかということで、変な関心をもったということです。２０１６年の参院選比例では1万５６８４票、２０１７年の総選挙で、残念ながら1万６５５票でした。

私たちの地区委員会は、宇都宮・上三川での県議再選を何としてもやらなければならないということなんですが、定数が13なんです。全国の定数10以上の選挙区で落選ということはあまりないと思いますが、残念ながら、全国でも本当に小さな党勢力でがんばるということをやっているわけですが、１９９５年で当選、99年で当選と2回連続当選しましたが、２００３年で落選、２００７年で野村県議に交代して当選、２０１１年で落選、２０１５年は先ほど言いましたように当選しました。今回落選の番かと。しかしそういうわけにはいかないですよね。これをどうするかということなんですが、今度の県議選は少数激戦ということが言われています。実際、上三川町では野村さんが前回トップ当選だから、「今回は大丈夫でしょう」という声が上がってきている。野村落としで彼らが一致すればやられてしまうところがあります。それには宣伝と組織と党勢拡大で押し返していくことが大事なことだと思います。

1月4日の党旗びらきの志位委員長のあいさつで「統一地方選挙必勝作戦」の提起に本当にそうだと、やらなければならないねと、安倍政治サヨナラの年にしようということですから、本当に今がんばらなければいつやるんだということを感じました。ワクワクしたのは自分だけじゃないと思っていましたが、ある個別選対の責任者が「志位委員長のあいさつ読んだよ。安倍政治サヨナラだよね。四つの国政選挙の争点がはっきりしている」ということで本当にワクワクしていると言われた。その方から、党旗び

らきを読んだ次の日から毎日「日報」が寄せられるようになりました。本当に5中総、党旗びらきの内容を全党員に伝える、読んでもらう。ワクワク感をどう作るかということだと思います。

党勢拡大についてですが、3中総、4中総の提起を受けて「特別月間」で党員・日刊紙・日曜版を一定程度増やしましたが、10～12月の連続3カ月間減紙で新年を迎えました。これで先ほど言った「必勝作戦」をやるということなので、これはなんとしても前回比を回復しない限り選挙に勝てないと思っています。党員15名以上、日刊紙49部以上、日曜版296部以上をなんとしてもやっていきたいと思っています。

じゃあどうすればできるのかと。実は、宇都宮市会議員予定候補者の天谷みえ子さんが13日の午前中、支部会議で党旗びらきあいさつを読み合わせして、「そうだよね」って話になって、「日曜版をこういう人なら拡大できるかな」と言って、その場から日曜版を1部拡大したということがありました。会議の後、みんなでハンドマイク宣伝を5カ所やって、午後は宇都宮の中心部に出て、県議と市議予定候補の4人と女性後援会で宣伝をやったと。その後地元に戻り、午後支部員とあいさつまわりや支持拡大をやる中で日曜版を1部拡大した。大奮闘ですよね。この経験が非常に大事だと思っています。支部を励ましているし、このことを学んで広げれば、全党員を立ち上げられると思っています。それと、新人の原ちづるさん、1月15日付の首都圏のページに載っています。46歳で本当に若々しくて元気です。彼女はパン屋をやめて、立候補を決意しました。そういうことを含めて支部を励ましています。

地区委員会としては野村県議再選のために構えるということと、市議選で2名から3名にするということは20年ぶりの仕事になるんですが、全地区あげてやっていきたい。そのために党の風を吹かせようということで、候補者先頭に21万世帯全部に声が届くような宣伝をしていきたい。そのためには、100世帯に1カ所を当面はやろうということで、3市議候補で割れば1候補700カ所で済む。宣伝に力をいれようということと、有権者に直接語りかけることが大事だということだが、先ほど言いましたようにどこから広げていたかわからないという状況ではダメなんだと。4万5千人の人と対話して絶対に3万人の支持拡大をやろうということでがんばります。残念ながら名簿をそろえきれていないんですが、名簿もそろえるようにしたいと思っています。

これらの課題をやっていくうえで大事なことは、「支部が主役」で得票目標を持った支部が残念ながら40%しかないんです。目標がないところには結果に対する評価ができないんです。ぜひ、全支部が目標を持てるようにがんばっていきたいと思っています。大変な状況には変わりません。愚痴と言い訳は言わない。何が何でもやりきっていくというふうにしていきたいと思います。野村県議再選と宇都宮市議2名から3名へ躍進するために、全力をあげて頑張る決意を述べて終わります。

全党員の力を結集して悲願の3議席獲得を！

北海道・札幌北区地区委員長　坂本　順子

“新しい軍国主義とファシズムへの国家改造とのたたかい”、この言葉を聞いて、党員魂を目覚めさせる重大事態だと実感しました。安倍政治サヨナラ選挙にしたい、歴史的な選挙戦の重要な意義を全党のものにしてたたかいたいと思います。

札幌北区は道議定数4人、自民2、公明1で、共産・佐野弘美道議が唯一道民・市民の利益を守り大奮闘しています。自民2人のうちの1人は吉川農水大臣の長男が3期目をめざし、となりの東区には次男を道議に立てて小選挙区の自分の基盤を強めようとしています。もう1人の自民党道議は、人前で秘書を怒鳴りつけ、これまで秘書が4人も代わるという人物です。現職4人に、前回落選の立憲民主と、5人で少数激戦を争う選挙となります。

市議選は定数10に、共産新人の長屋いずみ氏、小室まさのり氏が挑戦。自民4、公明1、立憲1、市民ネット1、札幌党1、無所属1の現職に、立憲1、日本維新の会1で、13人が争う選挙です。

悲願の道議再選と市議複数の3議席獲得、勝ちたい、この人を勝たせたい、の思いがいま支部に広がっています。得票目標2万5千票、18％、前回票に1万上積みしないと勝てません。支部の得票目標引き上げの議論を何度も重ねて、2万5600票となりました。

この得票目標を実現するために、先手必勝の取り組みを行おうと作戦計画を立てました。11月中に14万世帯に3名の候補リーフ20万枚を作製し全戸配布に挑戦。世帯比50％の配布へ特宣隊も作って取り組みました。佐野道議のプロフィールの献血86回が話題となり、共産党道議団の役割と豊かな実績が対話の確信になっています。リーフを見て活動に復帰してきた人がいます。また、音の宣伝では、道議、市議の生の声でテープをつくり区内を走っています。支部では、「うちは力がないから宣伝カーを地域で回している。それを聞いて党員も何かしなくてはと活動に参加してくれた」、地域を訪問すると「聞きましたよ、頑張っていますね」と対話がスムーズにすすむといっています。この支部は、「このままでは間に合わない」と、隔週だった支部会議を毎週、昼班・夜班会議、支部委員会を開き、行動も増やしています。

しかし、12月中に2万5千の対話をめざしましたが、残念ながら9千という結果でした。1月中にすべての名簿に当たりつくし、支持拡大目標の半分の50％をやりあげ、「必勝作戦」の1月目標を決めました。

国政の熱い争点、消費税に怒りが広がっています。北区の三銃士、護民官ともいわれている道議と市議候補は、12月5回にわたって商店街訪問を行いました。共産党の提案と署名用紙、ポスターを持ち、商店街振興組合会長、料飲店組合会長など軒並み150店を訪問。お客がいても受け取りを断る店長はほとんどいません。「うちは現金しか扱っていません」と張り紙をしている店主は、「困ります消費税。お客さんにも話します」と署名を受け取り、自民党員の商工会長は、署名しポスターも受け取りました。「もう決まったことでしょ」と言う店長には、これまでも延期させたこと、「選挙でストップさせましょう」と話すと「安倍さんを勝たせるからこういうことになるんですね。共産党頑張って！」と。また別の方は、「安倍さんって本当に困っている人のことわからない人だね。ゴーンさんに払ってもらってください」、「アメリカで飛べないオスプレイとか、なんでそんなもの買うの。おかしすぎるよね」と半端ない怒りの声が返ってきます。増税反対の共同行動をまだまだ広げていきたいと思います。

今月10日、トラック、バスも通る幹線道路で、大量の水漏れ事故が発生しました。地区委員会も含めて約3万世帯が被害を受けました。地区委員会の災害対策本部の佐野弘美本部長と市議候補は、ただちに現場を視察し、水道局に出向いて聞き取りしました。事故現場は北海道地震で陥没したところ、水道漏水は1時間130トン、毎秒38リットル、地下8メートルの水道管の亀裂、道路下に最大1メートル半の空洞ができ、吹雪の中、懸命の徹夜の修復工事で、危機一髪のところで大惨事を免れました。ところが昨日、同じ所で道路が陥没。急いでアスファルトで補修工事が行われました。地区災害対策本部は、漏水の原因、応急対策と点検、全市的な水道耐震化計画を申し入れることにしています。市の水道管の耐震化率は3割程度、耐震化の進捗は1年1％程度、単純計算で完了までにあと70年かかることになります。

札幌市は安倍政権がすすめるままに、1000億円もの税金を使って都心アクセス道路建設を計画しています。不要不急のアクセス道路よりも、毎日使う水道管の耐震化、老朽化したインフラの整備を地元業者に、市民の安全と暮らしを守る市政にと、ただちに街頭宣伝に打って出ています。

安倍政権のすすめる消費税増税や原発、軍事予算の拡大、戦争する国づくりに大きな怒りがあります。地震によるブラックアウト、断水、そしてまた漏水事故と、身近な日常生活が続けられるのかという不安が広がっています。安倍自公政権に地方から審判を下す選挙にしていき、「自公対日本共産党」の対決構図のなかで、共産党と候補者の値打ち・役割を攻勢的に押し出していきたいと思います。

そのうえでいかに勝利していくか。今回初めて地区委員会は、常任委員会を6名から10名に増やすことができました。司令塔が6名のままでは選挙には絶対に勝てない。悲願の3議席実現のために何とか力を貸してほしい、総結集・総団結しようと、本気に訴えればこたえてくれるのが党員でした。そのためにも長の決意と構え、情熱が決定的だと思いました。選挙だからこそ、法則的な活動を行うことが大事だと昨日のお話、今日の発言を聞いて痛感しました。困難打開の突破口は、勝利の土台、党勢拡大です。北区は遅れています。支部の中には、会議を減らして選挙だから行動を増やす支部があります。こういう時こそ、基本に返る、「楽しく元気の出る支部会議」をすすめてこそ党勢拡大も進みます。

27日に田村智子副委員長を迎えて開く演説会、ここを大きな突破口、跳躍台にして必ず選挙で勝つ。発言したら決意が求められるし、腹を決めて勝つしかないねと地区の仲間からエールが返ってきました。頑張ります。

「オール沖縄」を支える日本共産党、強く大きな党づくりは急務

沖縄・南部地区委員長　小松　直幸

気温20℃の沖縄からやってまいりました。東京は寒いですが、寒さに負けず、安倍にも負けず、頑張って発言したいと思います。

南部地区委員会は、県都・那覇市をはじめ4市4町6村の14自治体に県議4人、市町村議19人がいます。全国唯一の小選挙区議席、赤嶺政賢さんの議席に責任を持つ地区委員会として、その政治的任務にふさわしい地区になろうと、日々苦労もありますが頑張っているところです。まずは、昨年の県知事選挙をはじめ、沖縄の連続選挙に対し、全国の皆さんからかつてない規模のご支援をいただき、心よりの感謝を申し上げます。本当にありがとうございました。

5中総や党旗びらきのあいさつで、繰り返し沖縄のたたかいが安倍政権の破綻の象徴としてとりあげられ、全国の皆さんがわがこととして沖縄県民と連帯し、沖縄に学ぼうとご奮闘されている姿を知り、地元・沖縄の党が持つ綱領的任務を自覚し、そのたたかいを担える喜びと責任に身の引き締まる思いをしているところです。赤嶺衆院議員の発言にもありましたように、繰り返し沖縄県民が示した民意を踏みにじって、安倍政権は12月14日、辺野古の海に土砂を違法に投入しました。あの海が、赤土まじりの土砂によって汚されていく様に、胸がしめつけられる思いです。しかし、県民はまったくあきらめていません。軟弱地盤の問題をはじめ、デニー知事を先頭に頑張り続ければ絶対に基地はつくれないと、この間のたたかいを通じて、多くの県民が確信をしているからです。昨年の県知事選で、県民一人ひとりが、命がけで新基地建設反対を貫いた翁長雄志前知事の生き方を引き継ぐ、そういう決意をしています。追いつめられているのは、安倍政権の側です。

追いつめられた安倍政権が次にとった策が、県民投票の妨害です。県民投票で「埋め立て反対」の圧倒的民意が示されることをおそれ、官邸いいなりとなる首長や議員を使って県民投票の実施を「拒否」させています。自民党の宮崎衆院議員が、反対の「指南書」をつくって、議員たちに指南したことも明らかとなっています。とても弁護士出身の国会議員とは思えません。安倍政権のこの暴挙には、埋め立ての賛否を超えて、民主主義の否定だと怒りが沸騰しています。県民の7割以上、自民党支持者の5割、公明党支持者の6割が「実施すべき」と求めています。現在も全自治体での実施を求めて、デニー知事も市民も頑張り続けています。

昨年12月にいったん予算が否決された糸満市では、「島ぐるみの会」を中心に、党も一緒になって、市長や反対した議員の説得に頑張りました。市長は会わずに逃げ続けましたが、繰り返し要請する市民の熱意に、対応した市の幹部が涙ながらに「皆さんの思いは必ず市長に伝えます」と答えました。反対したある自民系の議員の後援会長が「県民投票はやるべき」との立

場にあることを知り、その方を通じて説得にもあたりました。そして、再議にかかった臨時議会には、70人を超える市民が傍聴に詰めかけ、採決の結果、可否同数となり、最後は維新の会所属の議長が賛成し、予算が可決され、議場は拍手に包まれました。那覇市のお隣、浦添市では、予算に反対した公明党市議に対し、現役の創価学会幹部が自筆の手紙で説得を行い、再議では退席にまわらせ、予算を可決しています。

県民投票の実施状況が最終的にどのようになろうとも、私たちは2月24日、辺野古新基地建設反対の圧倒的民意を示すために全力で頑張ります。

この間の「オール沖縄」のたたかいを草の根から支え、県民とともに頑張り続けてきたのが日本共産党です。与党第1党の党県議団、自民・公明と並ぶ議会第1党の議席を持つ那覇市議団をはじめ、市町村議員団もその影響力を生かし、保守層を含めた「オール沖縄」の共同をつくるため、論戦でも共同づくりでも積極的な役割を果たしてきました。「オール沖縄」に対するわが党の献身性と不屈性は、党綱領が示した統一戦線の実践であり、わが党は保守層や経済界などからも敬意をもって信頼される存在となり、9月の沖縄統一地方選挙では4人がトップ当選、全体として得票増で前進を勝ちとりました。

南部地区党の前回参院選挙時比の党勢は、党員で37人、日刊紙読者で17人、日曜版読者で150人のマイナスです。大きな数字ですが、県民投票の取り組みを通じて、党への信頼を一層高めて、3月1日の「必勝作戦」の目標を、2月24日の県民投票の投票日に前倒しをして、前回参院選挙時の回復・突破をめざして、たたかいと一体の党勢拡大に挑戦していきたいと思います。また、総力を挙げています2月10日投票の豊見城の市会議員選挙は、定数2減の22に29名が立候補する多数激戦の選挙で、「オール沖縄」の山川市長を支えるわが党の5候補勝利へ、今回の全国会議も力に頑張っていきたいと思います。

さて、党づくりですが、いつもこういう政治的な位置づけに対して、党の自力も、地区の体制も弱すぎる、このことがのしかかっています。「必勝作戦」の提起も、率直にいまの体制で選挙をたたかいながら本当にできるのか、逡巡しておりました。しかし、報告で示された七つの教訓と全国の皆さんの経験を聞くなかで、最も励まされたのが、「楽しく元気の出る支部会議」の努力、「支部に出かけ、支部とともにたたかう」地区委員会の姿勢にあると知りました。党の活動の源泉が、支部の自覚的な活動であり、その土台が支部会議にあることをあらためて学びました。

そういう視野で地区党の活動を振り返ったときに、たとえば那覇市の首里東支部では、昨年2人の新入党員を迎え、新入党員教育で一緒に綱領を学習し、40代の若手を加えて支部指導部を強化し、連続選挙でもスタンディングなど「オール沖縄」の取り組みでも、「支部が主役」で猛奮闘をしました。読者を地図化して配達・集金活動も改善し、新たに活動に参加した新入党員は、「集金のとき、いろんな対話ができるので、楽しいです」と語ってくれています。もともと力のある支部でしたが、以前は、高齢化の悩みが会議のたびに出ていたのが、いまは党員一人ひとりの頑張りをたたえあう、明るい支部会議になり、12月には党勢拡大の統一行動にも踏み出して、いま県民投票成功と豊見城市議選支援に元気よく頑張っています。こういう支部が、地区党のなかにはたくさんあります。今日学んだことを持ち帰って、長として困難にもたじろがず、党員と支部の持つ潜在的な力、思いを信頼し、支部とともに成長する地区委員会めざして頑張りたいと思います。

今年最大の目標は、4月の衆院沖縄3区補選と7月の参議院選挙の勝利です。県民の意思を安倍政権が聞かないのであれば、一刻も早く退場させるしか県民の生きる道はありません。衆院沖縄3区と参院沖縄選挙区での「オール沖縄」の勝利と、地区党の比例目標6万3000票、得票率22%を必ずやりあげて、熱血弁護士・仁比そうへいさんの再選を必ず勝ちとる、その力で辺野古新基地も、普天間基地も、安倍政権もみんなサヨナラするために、先頭に立って頑張る決意を述べて発言とします。

12年ぶりの県議選別府市区での議席奪還めざして

大分・北部地区委員長　大塚　光義

北部地区委員会は、別府市など六つの行政区と二つの町に責任をもつ地区であります。北部地区の政治目標は、別府市の県議選でえんど久子さんの勝利で12年ぶりに県議の議席を奪還し、五つの市議選、10人の候補者を勝利させる責任があると思います。最大の目標は別府市の県議選を勝利させることです。何としても3月1日までの「統一地方選挙必勝作戦」にむけて目標を達成し、大分市の現有議席確保とともに、別府市区での県議奪還、県内複数議席をとる構えで討論に参加します。

県議選別府市区は定数5の議席を自民党と自民党系会派と公明党で4議席、あと社民党の現職という状況です。前回、えんど久子は118票差で次点となり、12年間空白となっています。17年の衆議院比例選挙では3219票、県議選に勝利するためには2・8倍が必要という大変な選挙となっています。そういうなかでも、頑張れば勝利できる情勢と変化が広範に生まれていると実感しています。自民党は前回、大分選挙区で野党共闘候補に敗北したということもあり、今回、安保法制について、「憲法との法的安定性は関係ない」などと発言し、謝罪し、総理のお友達として総理補佐官をしていたが首にせざるをえなくなった評判の悪い磯崎陽輔参議院議員の改選ということもあり、危機感を抱いています。県内のすべての行政区で、自民党会派と野党系会派の力関係を統一地方選挙で圧倒的に自民党に有利にしようと、地方選挙セットでポスターを貼りめぐらせているなど攻勢的に策動しています。

しかし、いま県内では安倍政権への怒りが広がっています。特に別府市は、今回防衛大臣となった岩屋毅衆議院議員は地元中の地元であり、大臣に就任するやいなや、大分県知事をはじめ別府市長など関係6市長が、大分県民が反対するオスプレイの日米共同訓練を強行しました。オスプレイが飛来し、日出生台と十文字原演習場で強行されましたが、共産党は別府市や由布院の観光協会、旅館組合とも懇談し、温泉観光都市にはオスプレイは似合わないと怒りの声が広がり、大分県の恥だといわれています。街頭では、安倍政権に対する徹底した告発とともに、こんな安倍政権や岩屋大臣を支える自民党、公明党に、別府の県議の議席5議席中4議席を与えていいのかということを市民の切実な国保税の値下げ、介護の負担軽減、子ども医療費の無料化など、わが党の提案と一体に訴えています。えんど久子県議候補は、昨年から1300回をこえる街頭演説を行って、党の値打ち、役割が浸透するなかで急速に共産党とえんど久子候補への期待と支持が広がっています。街頭宣伝への激励はもちろん、「赤旗」が増えたり、宣伝カーの弁士のところに入党したいといってくるなど例が生まれています。

先日、地区委員会事務所に電話があり、「創価学会のやり方がひどすぎる。学会をやめた。共産党のことを勉強したい」と「赤旗」を申し込んできました。つい先日、12日には、昨年末、突然事務所を訪ねてきて、「入党したい」といってきた別府市でも著名な歯科医師が入党しました。この方は、これまで党とのつながりがほとんどなかった人ですが、「いまの日本の政治はアメリカ言いなりでずっとおかしいと疑問を思っていた。いまのこんな政治の中で一番信頼できるのが、姿勢が一貫している共産党だと思うに至った。まだ60歳前だが、これから自分の思い通りの生き方をしたい」と入党をされました。このような様変わりの事態が生まれています。選挙に勝てる党という自力の点では、率直にいって前回よりも高齢化がすすみ、活力が低下しています。支持者に依拠した担い手づくりに全力をあげるしかありません。

12月23日の地区党会議にむけ、100%の支部が総会を開き、75%の支部が得票目標を決めました。候補者を先頭に党の風をふかせ、対話・支持拡大にとりくみながら選挙型の党勢拡大に力を入れたいと考えています。この間、読者陣地に力をいれてきましたが、5中総後、「特別月間」で築いてきた到達を維持し、前進させてきています。3月1日までの「必勝作戦」、宣伝は50世帯に1カ所行う、対話・支持拡大1万5千をめざします。2月17日に穀田国対委員長を迎えての演説会を行いますが、それにむけて演説会のハガキ5千枚、招待券2千枚を届ける作戦で、この目標をやりあげたいと思っています。党員の10名の後退、機関紙は日刊紙が前回比90・3%、日曜版が89・3%と後退している党勢拡大を2月中に回復めざして全力をあげたいと思います。県議選に勝利して、参議院選挙で仁比そうへいさん、7名の勝利のために頑張る決意を述べて発言を終わりたいと思います。

統一地方選勝利へ、臨戦態勢確立へ
潜在的な力の総結集

神奈川・湘南地区委員長　岡崎　裕

湘南地区委員会は、県内4番目の都市である藤沢市をはじめ、4市1町、有権者86万5千人に責任を持つ地区です。

統一地方選挙はその4市、藤沢市、茅ヶ崎市、大和市、綾瀬市の県会議員選挙、市会議員選挙がたたかわれています。安倍政治の矛盾と破綻、このことがリアルに報告されました。地区内ではどのように現れているかというと、地区内には米軍厚木基地があります。昨年一年間でオスプレイの飛来回数は80回、2017年の

48回から大幅に増え、岩国とつないでオスプレイ飛来の基幹ルートとなり、安倍政権の狙う戦争する国づくりの重要な拠点となっています。

また財界、大企業優先政治では、安倍自公政権が国際競争力の名のもとに行っている不要不急の大型開発の押し付けに対して、神奈川県政は文字通り政府の出先機関のように積極的に進めています。「セレクト100」という全国屈指の大企業優遇策で610億円もの税金を大企業にばらまいています。みなさんにもなじみのある日産にも104億円がばらまかれました。志位委員長が昨年末の神奈川の演説会で、ゴーン容疑者が9年間で得た95億円は神奈川県民の税金だとの話に、「県政が遠い」と話す支部の方も、いまの県政のでたらめさに怒りが沸いてくると言っています。

また、地区委員会のある藤沢市と隣の鎌倉市の大船駅との間に村岡新駅をつくる計画があります。駅舎建設だけで160億円、総額400億円におよぶといわれ、神奈川県が30％、残りを藤沢市と鎌倉市で折半すると報道されています。大船と藤沢は4分ですが、村岡新駅ができると2分になります。4分を2分に縮めるためだけに400億円を投じるのかとの批判がありますが、その本当の狙いは、政府が国家戦略特区を活用して進めている「ヘルスケアニューフロンティア」という外国の富裕層を呼び込み、医療ツーリズムで儲けることです。そして藤沢市にある武田薬品工業の儲け口のために、大型開発を行うための新駅誘致であるということです。

自民党政治の「二つの歪み」がむき出しに表れています。破綻した安倍政権のやり方をそのまま県政に持ち込む黒岩知事に対して、いまの神奈川県議会は自民、公明中心だが、立憲民主系会派も含めて事実上の「オール与党」議会になっています。その中で、この県政に正面から対決し、暮らし福祉を守るために奮闘しているのは前回の統一地方選挙でゼロから6議席へと躍進した党県議団だけです。共産党県議団が当選しただけで、政務活動費を使ってのスナックなど飲食店での会合がなくなりました。県立高校の予算が付くなどの実績をあげてきました。

地区委員会の政治目標は、前半戦の県議会選挙で定数5の藤沢市で現職の加藤なを子県議の再選を必ず果たすとともに、定数3の茅ヶ崎市区で32歳の現職市議団長を、同じ定数3の大和市区で市議8期32年のベテラン市議を擁立し、3議席を勝ち取り、神奈川県党の政治目標である議案提案権が持てる9議席への県会議員団の躍進へ党の値打ちを語り、「自民、公明対日本共産党」との対決構図を徹底しきって勝利をめざします。後半戦は4市の市会議員選挙で全員当選へ全力を尽くします。

この関門を突破し、参院選で比例代表9万2800票、得票率18％をやりきり、7人全員当選。南関東、地区としては、しいばかずゆき候補の当選と神奈川選挙区でのあさか由香候補の勝利へ必ず勝利へ道を切り開いていく決意です。

そのためにも、3月1日までの「統一地方選挙必勝作戦」をやり抜くことが求められています。地区委員会は、1月の最初の地区委員会総会で党旗びらきを読み合わせて率直に討議をしました。選対部長から「前回の藤沢の県会選挙に勝利したが、1月15日から2月28日までは4千票、3月1日から投票日までに2万2千票、ここを抜本的に改めて支持拡大の到達を2倍以上、3月1日までにやる必要がある。率直にいって無理だ、との声が出るのも当然です。自信もまだない、やり抜けるかどうかもわからないというところですが、地区委員が腹をくくる必要があります」と発言されました。

告示近くにならないと始まらない現状を打破するには、早めにやるだけではできない、日々担い手を広げていかないとできないとの問題提起的な発言をうけて侃々諤々《かんかんがくがく》の議論になりました。「党勢が後退し、選挙をたたかう土台が崩れています。そこをどうやるか正面にした議論をやらないといけない」「率直にいってこれまでの選挙は支部の半分の党員が立ち上がってたたかっている状況です。100％の党員が立ち上がる選挙にどうしていくか」などと腹を割った議論になりました。

特に、藤沢の県会選挙では、得票目標3万8000票をどうやりきっていくか。一つは、1万3000人の後援会員に依拠しきっていく「折り入って作戦」を始めていくことと、もう一つは、前回の統一地方選挙から発展している市民のみなさんとの共同をつよめていくことです。藤沢では「新春の集い」を行いました。そこには「加藤なを子さんを励ます女性の会」があり、前回は加藤なを子さんだけが唯一の候補者だったが、今回は立憲民主から女性の新人がでます。会の人は、ただ女性だからというだけでなく日本共産党の加藤なを子さんだから勝たせたいと変化してきており、力強い挨拶をうけました。

また、藤沢に住んでいるJCPサポーターの方にも来賓として来てもらい挨拶をしてもらいました。この方は2015年から国会前行動に参加している方で、ある時、地区内の駅で宣伝していて、いつもはビラをとるだけだったが、前の日に国会前行動にいって、思わず対話をしてその場で日曜版もとってしまって、「そこから私の共産党との付き合いが始まった」という方です。この方は、演説会にも参加してくれ、サポーターズまつりにも参加し、「サポーターまつりも大変もりあがって楽しかった。大学の学園祭のようだった。わたしは、2回目、3回目もやってくれると確信している」とあいさつしてくれました。「他の野党は80％くらいかな、でも共産党は100％信頼できる。一日も早く政権を変えましょう」と力強いエールをいただきました。

こうした、市民や無党派の方々の力にも依拠して、選挙事務所もいつも事務所をみるとポスターを張りたくなる事務所員の方が、『前衛』の2月号を読んでなぜ美容院やカフェは入りやすいか、それはガラス張りだからだ、そういうアイディアを受けて、思い切って市民に開かれた選挙事務所にしていこうと考えています。

最後に、統一地方選挙をやりきるための体制ですが、報告で過分な評価も受け紹介してもらいました。地区の常勤常任は、私と機関紙部長と勤務員の財政担当者だけです。あとはほとんど皆、個別選対、統一選対に入っており選挙が近づくほど体制が崩れる可能性があります。そこで職場支部と地区直属の党員の名簿を出し、中断が許されない専門部の補強と、個別選対、統一選対の体制確立の議論をし、具体的に要請を開始しています。すでに機関紙部を担ってもらったりしていますが、まだまだ道半ば、始まったばかりです。全体にあたりきり、体制を確立し、「統一地方選挙必勝作戦」を必ずやりきって統一地方選挙を勝利し、参院選の躍進で安倍政治サヨナラ選挙にするために全力を尽くす決意です。

連続選挙勝利めざし、得票目標を一本化してたたかいぬく

熊本・熊本地区委員長　重松　孝文

4日の党旗びらきあいさつと昨日の幹部会報告を聞き、歴史的政治戦に挑む腹は固まりました。それでも発言原稿を書くことに若干の躊躇がありました。実はこの会議に向かう14日の午前中に熊本市議団の会議を持ち、「新しい体制でどうやるのか」「選挙型の取り組みの中で、特に党員拡大を根幹と位置づけてその先頭に市議団が立つべきではないか」という議論をしました。しかし、まだ1人も党員を迎えていないという状況の中で、「まだ市議団さえも1人も増やしてないなら、県委員長・地区委員長会議の報告受けてスタートダッシュできない。ぜひ、全員が入党訴えをして結果をメールしてほしい」ということで意思統一して出発いたしました。

期待もしていましたが、昨日の委員長の報告が終わった直後にメールを見ましたが、誰からもメールが届いておりませんでした。これはちょっとショックでした。そこで、ますます発言する意欲をなくしていましたが、会議が終わり夕食をとっているときに、ある議員から「地区委員長、たった今党員を増やしました。自分だけでなく地元の支部と協力して63歳の長い日曜版読者を党に迎えることができました。地区委員長にこの電話ができてうれしいです」という報告がありました。実はこの市会議員は、昨年は約半年近く体調が不安定でしたので、非常にうれしくなり、選対責任者に電話すると「私にも電話があったよ」と。やはりよほど議員が地元支部と一緒に党員を増やしたことがうれしかったんだと思います。たった1名からですが、党員が増えるということはこんなに喜びがあるものかと改めて痛感いたしました。

熊本地区は、政令市になり五つの行政区を抱える熊本市に責任を持つ党組織です。4年前は初めての政令市の選挙ということで、戸惑いながら選挙をたたかいましたが、結局、県議1人、市議3人にとどまりました。候補者は県議2人と市議5人全部立てたんですが、その程度にとどまりました。今回の統一地方選では、この4議席を断固として守り抜き、前回議席に届かなかった南区と西区、ここで市議の空白を克服して議案提案権の獲得ができる5議席をぜひ達成したいと頑張っています。これは参議院の比例目標をやりきるレベルのたたかいをやらなければ、この県議1議席と市議5議席は到底できません。これをやりきって初めてこの目標が達成できるということです。それだけに地区委員長の私が、ぶれずに二つの構えを一体的に貫くという今回の提案を連続する選挙を勝ち抜く保障として、そこが大事になっています。

しかし、現状は、支部の得票目標決定自体は95%の支部が決めたんです。かなり頑張って決めたんですが、肝心なのは合計しても比例目標の80%にしかなりません。地区委員会とか区委員会が持っている目標には届かないんです。何

度か支部で「これではまずい。もっと引き上げる議論をしてくれ」と提案しましたが、なかなかそれに応えてくれませんでした。なぜかというと支部が持っている名簿がそれだけないんです。やはり県議、市議をやっと通す程度の名簿しかない。マイ名簿と支持者名簿を合わせても比例目標の70％にやっと届くかどうかの名簿なんです。これを打開できないでいるので、数字だけあげても支部はそれにのってこない。「目標だけあげるだけじゃあ無責任でしょ」と逆にこちらが批判される状況でした。これでは、統一地方選挙も勝てないし、比例もとてもじゃないということになります。

これが昨年の12月ころから若干変化してきました。地区の体制は弱かったんですが、私が市長選に出馬しました。そこから支部が市長選に前向きに取り組んだ支部がいくつか生まれました。中央区のある地域支部は、市長選後に改めて「政策と計画」を討議したそうです。これまでの得票目標は小さな支部なんですが、得票目標150で支持拡大300という非常に低い目標でした。それがこの討議を通じて得票目標を500に引き上げて、支持拡大750をやるということで、意気揚々と地区委員と支部長が「政策と計画」を持ってきました。担当地区委員に「どういうことでそうなったのか、詳しく話してほしい。こういう変化があったのはお宅の支部がはじめてですよ」と聞きましたら、「これまで支持者名簿が300ちょっとしかなかった。それで慎重な目標にしていた」「それが市長選での市政批判と公約に、支部の皆さんが『ほんとにその通り』と共感し、これなら党員誰でも訴えられる」ということでハンドマイク宣伝と支持拡大に、電話も使い、訪問もして訴えたそうです。それで、目標をかなり大きく超えたことから「それなら150と300は低い。もっと引き上げる議論をしよう」ということで支部で決めたそうです。

ここから私が学んだことは、これまで支部に対して「この目標は850万に対応する目標になってないから、もう少し引き上げてくれ。引き上げないと仁比さんの議席は取れない」と言っても、そこまでで止まっていました。これは、われわれが支部が納得するようなことができなくて、さっきの支部のように「これならどんどん訴えられる」という政治的、あるいは政策的確信があることが大事だと改めて確信しました。その点で、党旗びらきあいさつと昨日の報告と県委員長・地区委員長の発言で、私自身、そして常任委員会、地区委員がわくわくした気持ちでこの二つの報告とあいさつを支部に持っていくということで議論することが大事。そうすればみんながこの歴史的な選挙で「私もそういうことなら訴えきる」ということになるんじゃないかと思います。そうしてこそ、目標を引き上げていく契機になるのではないかと思っています。

そういう思いで先週、南区のなかなか困難な支部に私が入りました。そこで、私が訴えた後に議論したら、かなり今までからは信じられないくらい元気な討議になりました。やはり、みんなが消費税問題について「こんなことが許されたら絶対にいかん」と「年金が5万、6万しかない人は死ねということか」という話もあり、大いに議論が盛り上がりました。ここでも「得票目標、支持拡大目標を2倍に引き上げようか」と、結論は出ていませんがそういう議論になりました。そういう点では私たちが支部に依拠しながら、同時に支部が本気でたたかう、そういう魂が入った議論を組織化できるかどうか、これがやはり比例と統一選挙を一体でたたかう、そういう党にできるかの分かれ道だと思っています。そういう点で、この会議をしっかり地区委員会に持ち帰り、支部、党員にも徹底して知らせて、この3月1日めざす運動、その直前1週間前に小池書記局長に来ていただいての演説会があります。ここを結節点にして飛躍を起こすように頑張りたいと思います。

連続選挙勝利へ「比例を軸に」貫き、統一地方選を攻勢的な構えで

山形県委員長　本間　和也

山形県党は連続選挙をたたかう構えとして、全国目標である参議院選挙の８５０万、15％以上に見合う得票目標として、２０１７年の衆院比例得票の２・２倍となる７万６５００票、13％以上を掲げています。これをやりきるためには、統一地方選挙の得票目標を一本化することと、県議選では二つの現職区、山形市区と鶴岡市区の議席絶対確保と、県内五つの全地区委員会が候補者を擁立し議席増をめざし、県議選でも野党共闘をすすめて県議会で自公勢力を半数以下に追い込むこと。そして後半戦をたたかう15自治体すべてで議席増と空白克服をめざすことを政治目標に掲げて奮闘してきました。

県議選では、吉村知事の県民の命とくらしを守る県政の発展を評価し、知事選では自主支援して、３期目の県政の発展をめざしています。一昨年１月の西村山郡選挙区での県議補選では、初めて野党共闘で無所属の候補を野党統一にし、自民党候補に勝利した経験があります。これを生かして、党の議席増と野党共闘の勝利をめざして県議選をたたかう。国政選挙でのわが党の方針を応用し、県政における共通公約を豊かにすること、自民党が独占する１～２人区の選挙区で相互推薦・相互支援をおこなって安倍政権の防波堤としての県政の発展をめざすことを、基本として進めています。現在、現職区二つに続いて、５人区の酒田市・飽海《あくみ》郡区で党公認の候補者が決まり、定数２の自民独占区の東置賜《ひがしおきたま》郡区では野党共闘派の無所属候補が立候補を決意しました。定数１の自民党現職区である尾花沢市・北村山郡区は、昨年、尾花沢市長選挙で野党共闘で勝利をしたところです。ここでは、わが党の公認候補を野党統一候補にできないかと準備、協議を進めています。

県議選でも野党共闘を進め自公を少数にという方向は、「市民連合やまがた」の意見交換会が12月に行われ、そこでも他の政党や団体の賛同を得ました。この流れを強めて参院選挙区の野党共闘の協議の前進にもいかしていきたいと考えています。後半戦の市町村議選では、山形市の４人目と、新庄市、川西町、朝日町で複数議席をめざして新人候補が決まりました。小国町の空白克服も候補者が決意をし、支部での論議を進めています。前回に比べ議席増をめざす攻勢的な構えで、統一地方選挙に臨もうとしています。

これらの取り組みの出発点は、参院選での野党共闘の勝利と共産党の躍進を勝ち取る８５０万票、15％以上の得票目標を統一地方選挙と一本化してとりくむという４中総、５中総の方針を県・地区機関で真剣に議論してきたことにあります。地方選挙の関係では、例外なく全自治体で議席増と空白克服をめざすこと、どの候補者も上位当選をめざすことがなければ、比例得票目標との一本化とならないという議論を重ねてきました。自治体ごとのアンバランスもあり

成功していないところもありますが、統一地方選挙後に、さらに15自治体で1年以内に中間選挙が続くのですが、そこも含めて参議院選挙の比例得票目標を基準に政治目標と得票目標を決める。そのために真剣な作戦計画を立てることを重視しています。

最大の弱点は、支部の得票目標の決定率が極端に低いことです。昨日の志位委員長の報告と全国の経験にも学んで、この間の議論を生かし、自治体ごとの得票目標と合わせ、支部の得票目標の決定と行動に足を踏み出すことに全力を挙げていきたいと思います。3割増をめざす党勢拡大も、議席増と空白克服の政治目標と得票目標の実現に不可欠です。全体として前進に向けた努力をしているのですが、新庄市の二人目の新人女性候補が、選挙までに5人の日刊紙読者、50人の日曜版読者の拡大目標を掲げて、吹雪の中でも連日の街頭宣伝で奮闘しながら、12月に新入党者2人を迎え、現在までに日刊紙3人、日曜版20人の拡大を行い、全党を励ましています。こうした奮闘もあり、最北地区は日刊紙では前回参院選挙前を回復し、日曜版でももう一歩に迫っています。

次に統一地方選挙の厳しさとチャンスが広がっていることについて述べます。自民党は県政の奪還をめざし、県会の3分の2の議席をさらに上積みすること、県都山形市では4年前に市政を奪取したことに続いて、山形市議会での少数与党の解消にむけて大量立候補を決めて、いずれも激しい選挙戦の様相になっています。国政野党では結成間もない立憲民主党が、県議会でも主要自治体でも議席確保と議席増に向け、立候補を増やし態勢を整えています。旧民進党系の無所属の勢力が生き残りをかけており、多くの県議選挙区、自治体選挙区で激しい選挙戦の様相です。

県議選では、「自公対日本共産党」の対決軸を強く押し出しています。自民党が多数を占める県議会で、安保法制やTPPに反対する請願を彼らが否決しました。憲法改正の早期実現や従軍慰安婦問題の事実をゆがめる意見書の強行採決を行うなど、安倍暴走政治を応援し、憲法を変える役割の先鋒になっています。党県議団は、吉村県政が安倍暴走政治と地方壊しに対しての防波堤の役割を果たすことを一貫して求め、県民の利益を守る立場から、県政のチェックと県民要求を県議会に届け、子ども医療費無料化拡大、私学助成、学童保育事業の拡大、毎年の福祉灯油の実施など県政を動かす成果を数々上げてきました。また県議会で吉村県政を支え、自公と対決する政党や無所属議員とも共闘を進め、県民が主人公の県政をさらに前進させるために奮闘してきました。安倍政治とのもっとも厳しい対決者、野党共闘の誠実な推進者としての日本共産党県議団の値打ち、実績、果たしてきた役割を大きく打ち出すならば、激戦を勝ち抜いて、日本共産党の躍進と野党共闘の前進は可能です。後半戦と合わせて全力を尽くす決意です。

「統一地方選挙必勝作戦」はまだ緒に就いたばかりですが、3月1日を投票日に見立て、「支部が主役」の草の根の宣伝・組織戦に取り組み、支持拡大目標の達成、参院前回時回復の党勢拡大に全力を尽くす決意を述べて発言とします。

来やすい事務所に改善、財政活動も前進に

岐阜・恵那地区常任委員　鈴木　規秀

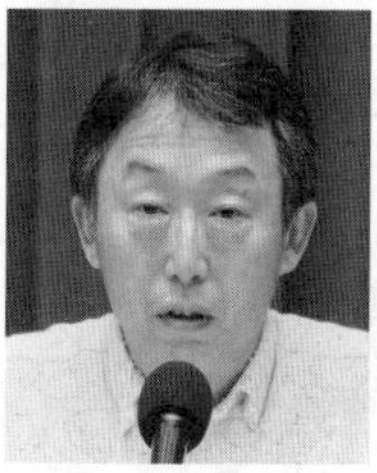

岐阜の恵那地区委員会の財政機関紙部長で、地区委員長の代理できました。今日は地区委員会活性化の取り組みということで、自慢できることは何もありませんが、少しだけ紹介させていただきたいと思います。

恵那地区委員会の政治目標ですが、恵那市、中津川市というところは、有権者数10万人です。得票目標は15％ということで、1万5000票、わかりやすいです。県議がいま岐阜市区（定数9）で一人いますが、複数議席に挑戦ということで、県内の各選挙区で出せるところから出そうということで、中津川市も定数2ですが、議席獲得に挑戦しようと準備をしていました。ところが中津川市議のほうが現有1から2にしたいということで、一人は現職が出ることになったんですがもう一人が決まらず、県議に予定していた元市議が再び市議に出ていただくことになり、県議候補が不在になってしまい、どうしようかと悩んでいるところです。

恵那地区について若干紹介します。とにかく面積が広いんです。東京23区を二つ合わせただけの面積があります。そこに2市あり、一つの地区に専従2人で駆け回っています。とにかく高齢化。毎月2人、3人と亡くなっています。去年は26名亡くなりました。拡大しても追いつかないと。本当に支部消滅の危機になっています。

圧倒的に地域支部が中心です。地区委員会というのはデイケアサービスのところではないかというぐらい、私たちの地区でする仕事は地区委員会に安全に来て、安全に帰ってもらうこと。地区委員会を本当に居心地のいい場所にすること、そして気持ちよく帰ってもらう。命を守っていくということが地区存続の第一義的活動の課題ということになっています。私はおとといの4月から地区にいますが、何をしてきたかというと、とにかく地区委員会が気持ちよく集まれる、人が集まらないと活動が始まりませんから、地区委員会をとにかくみんなが来たくなる場所にしようということで、4Kの事務所ではダメなので毎日掃除をしています。1時間出勤時間を早めてひたすら掃除しています。私が地区に行ったときには私の座る場所もないくらいでした。整理整頓、捨てるものは捨ててきました。今でも毎日片付けてだいぶ片付きました。地区に来られる人が「きれいになった」と喜んでくれています。ご近所の方からも「毎日掃除してくださってありがとうございます」と言われました。

財政破綻寸前だった地区もこの1年半、財政委員会でも努力したおかげで、機関紙代も毎月完納できるようになり、党費も入ってくるようになりました。まだ多くの活動していない党員がいます。そういう人を全員訪問し、一人ひとりの力を結集して、党費も集め、今年の選挙をがんばっていきたいと思います。

「楽しく元気の出る支部会議」広げて勝利を

香川・東部地区委員長　田辺　健一

参議院の香川選挙区の候補者もさせていただいています。1年前に体重83キロあり、頑張って痩せて、去年6月の志位委員長を迎えた演説会の時は70キロを切りましたと報告していたのです。今はリバウンドして76キロまでいってしまったので、候補者活動の一環としても、頑張ってまたシュッとならないかんなと思っています。きょうは地区委員長としての話もしたいと思います。

情勢の変化で、香川県でもすごい出来事があったことを一つ紹介したいと思います。漁協の問題です。香川県は、全国で唯一、漁業法の改悪で慎重審議を求める意見書が議会で採択されて、紙参院議員の質問の中にもとりあげていただきました。強行された直後に、仁比議員も含めて香川に来られるとのことでキャラバンを組んだとき、県の漁協は「もう来てくれるな」と電話で断られる状況でしたが、丸亀市の漁協が党の県議候補をしている方と結びつきもあって、「ぜひ来てくれ」とすぐ懇談の機会がもてるようになり、行ったんです。そうすると、「とんでもない法律が通された。どこにこの話を持っていったらええんか、やきもきして悩んでいたところに、共産党が懇談したいということで連絡いただいた」というのが、懇談を受けてくれた経緯でした。懇談してみると、さらに2歩も3歩も共産党に対してもっていたイメージが覆えり、「共産党が、まさか我々のために国会の中で、外で、こんなに頑張ってくれているのは知らなかった」と言って、大いに盛り上がったんです。これが土曜日でしたが、週開けた月曜日の夜には、すぐ懇談した漁協の方から、「ブロック長を集めて学習会も含めた会をするから、ぜひ共産党から話しにきてくれ」という話になりまして、白川よう子衆院比例予定候補も一緒に行って懇談となりました。そのなかでは、「国会では漁協の組合員のみなさんには納得してもらっている、説明していると言っていたが、なんちゃ聞いとらんがな。どないすんや」という話もされました。これまで自民党の関係を応援してきて、「ほかの分野で安倍政権ひどいなあと見とったけど、どうせ私らのことじゃないから黙っとった。県の漁協からも『今回は黙っておってくれ』と言われたが、黙っとられん」ということで、全国の知り合いなどに声をかけて、「漁業法の改悪の問題でたたかいたい、それでたたかってくれるなら、自民党だろうと共産党だろうと一緒にたたかいたいし、応援したい」ということで今、新しいつながりや運動が始まりつつあります。本当にびっくりしたんです。

この前、新任の地区委員長研修会があり、そのなかで不破さんの講義の中で、「野党外交の一番最初の走り始めはノープランでも、行ったらどうにか切り開ける。開拓者の精神で」という話がありました。まさに開拓者の精神でいろいろなところに出かけて行ってそういう話を聞いて、運動を通してたたかっていって、今回の統一地方選挙、参議院選挙の勝利に向けて頑張っていかないといけない。全国だけでなく香川にもこんな事例があると私自身も確信にしたいし、みなさんにもご報告したいと思います。

七つの経験から学ぼうという提起がありました。みなさんの発言も聞いて、私の地区のなかにもどこかないかと思っていたら、ありました。山田支部の経験です。ここはコツコツと、毎月かなり多くの、10部に近いような減紙が出されても、毎月それを一つずつでも乗り越えて前進させようと目標を突破しようと頑張っているのです。この間、新しく入党した方を含め、新入党員の学習はきっちりやるし、特にすごいなと思うのは、コツコツ綱領学習をずっと続けているのです。昨年10月の講師資格試験には、新入党員や30代の女性の方2人が初級に挑戦し見事合格したのです。その合格祝いと忘年会を兼ねて、年末に支部会議に「一年お疲れさまでした」ということで集まってやっていました。支部会議に普段参加できていなかった同志が、会を開いていることは知らなかったみたいですが、「党費と紙代を納めに行っていいですか」と聞き、「いま集まっているからぜひ来てくれ」となって、来たのです。話を聞くと、その方は家庭や仕事のことでいっぱいいっぱいで、「共産党は応援するけど共産党の活動はもうやめたい」、それをお金を納めるのと同時に通告してしばらくお休みしたいと言おうと思っていた。しかし、行ったら忘年会と合格祝いで盛り上がっている中に顔を出して、「いろいろつらいことがあったって一緒に悩みを解決していこう」との同志のみなさんからの励ましに、「もう少し頑張ってみる」となったそうです。「元気の出る支部会議」とはこうしたあたたかい人間関係も含めた、こういうことなのだなと思いました。

同時に、方針を含め情勢に確信をもっていただくということで、発言を聞いていて、やはり党決定に学ぶことについて頑張っていきたいと思います。先ほど発言にもありましたが、うちの地区、県は47位で一番最後を走っています。頑張って3割増をめざしていきたいと思っています。

特別基金1600万円で候補者活動支える

神奈川・川崎北部地区委員長　岡田　政彦

志位委員長の報告を聞いて、今回の統一地方選挙と参議院選挙の歴史的な意義が、非常によくわかりました。志位委員長が、とくに、安倍首相の野望は「新しい軍国主義とファシズムへの国家改造の野望にほかなりません」と強く警告し、「歴史逆行のこの暴走を絶対に許してはなりません」と訴えられたのを聞いて、私たちがいま目の前にしている安倍政権の暴走は一体なんなのか、歴史的な視野で事態の認識が自分のなかでもハッキリしました。歴史逆行の暴走

を絶対に許してはならない、その覚悟をもったたたかいが、いま必要なのだと感じました。安倍政権を倒して、日本に民主政治を取り戻したたかいは、国民的な基盤をもった新しい政府を統一戦線の力で実現していくたたかいであり、野党連合政権に向けた第一歩を踏みだす選挙として、今度の歴史的な連続選挙の勝利に向けて全力をあげていきたいと思います。

　志位委員長が報告で、安倍政治の破綻の根本に「自民党政治の二つのゆがみ」があり、党綱領の立場が大きな生命力を発揮していると強調されたことも、大事なことだと受けとめました。党綱領を常に、私たちのたたかいと選挙戦の拠り所・指針として、党綱領の示す日本改革の展望を大いに語り広げ、党の積極的な支持者を大いに増やしながら、この選挙をたたかい抜きたいと思います。

　報告と討論で全国の地区委員会の経験を聞き、党員のなかに綱領的な確信をつちかうために、繰り返し地区党学校を開いて綱領学習を広げ、その結果、支部会議の討議の中身も一変したという経験を聞いて、大変に学ばされました。また、地区役員の指導力量を高める全国の経験を聞くことができ、わが地区ではどうしたらいいのだと、参考にもなり、考えさせられています。

　川崎北部地区ではこの5年間、四つの行政区すべてに補助指導機関＝区委員会を確立し、区委員会が行政区の政治目標の実現、要求運動と党活動に力を発揮する経験が生まれてきています。しかし、一方で、月2回開いている地区委員会総会の参加が不安定になり、地区総が成立しなくなるという事態も起きており、これを打開しなければなりません。今回の会議を受けて、すべての地区委員の力を結集して、党規約にもとづく確固とした機関活動を確立して、連続選挙に向かっていきたいと思います。

　世代的継承の全国の経験も、大変学ばされました。わが地区はこの問題でいま、苦労をしていますが、昨年の年末に、教員支部で30代の現役教員が入党することがありました。支部長もつながっている小学校の教員ですが、以前に入党を働きかけたときは、「自分にはとてもできない」といっていた方です。今回、本人から支部長に「お話があります」と声がかかり、「自分も共産党に入らせていただきます」という申し出で、支部長も大変に驚いたわけです。話を聞いてみると、自分の教育実践でいま悩みに直面しており、「党に入って、自分を変えて、いい教師になりたい」ということでした。地区のなかでもこういうことが起きているのだから、条件や可能性の広がりにしっかり目を開いて、全国の経験に学んで粘り強く取り組んでいかなければならないと思いました。

　川崎北部地区は、得票目標7万６０００票、18％以上を目標に、市議選挙には7人の候補者を擁立し、宮前区で16年ぶりに1議席から2議席への前進をめざします。この7人を含め、全市で12人の候補者全員が当選すれば、市議会で公明党の議席を上回り、日本共産党が自民党に次ぐ第2党に躍進する可能性があります。こうした躍進を実現すれば、参議院選挙の勝利にも大きな力になります。さらに、地区内で県議候補の擁立を急いで、県議の議席獲得のためにも決意を新たにして頑張っていきたいと思います。

　「統一地方選挙必勝作戦」では、先進となる支部・ブロックを作りながら、全体を引き上げていきたいと思います。地区内で、支持拡大がいま一番すすんでいるのは、高津区二子支部で、支持拡大目標１５００に対して現在７１８、４７・９％の到達です。後援会ニュース会員９４４人という広がりを土台に、名簿と地図を完備し、訪問・対話・支持拡大の活動に参加する党員を広げながら、計画的に進めています。こうした活動に学んで、広げていきたいと思います。

　党勢拡大では、わが地区は、党員現勢は前回選挙時を超えているので、新たに全支部で入党者を迎えることをめざします。読者は、日刊紙・日曜版とも、前回地方選時の回復・突破をめざします。

新人候補の活動を支える特別募金ですが、川崎北部地区では、市議選に3人の新人候補を擁立します。20代、40代、50代の現役世代の皆さんで、それぞれ仕事を辞めて立候補を決意してもらいました。その活動を地区委員会として何としても支えなければなりません。しかし、地区の経常財政では支える余裕がありません。大きな額の借り入れを新たに増やすということもできません。そこで、初めから3人の新人候補の活動を、それぞれの新人候補が活動する行政区で、特別募金に取り組んで支えることにしました。スタートになったのは、小堀祥子候補が活動する高津区です。小堀候補が候補者活動を始めたのは、2017年9月ですが、その1カ月前に高津関係の地区役員会議を開いて、特別募金について相談しました。その中身を踏まえて、川崎市議選・高津区特別募金を、選挙前年の2018年12月まで1年4カ月にわたる小堀候補の活動を支えるために、700万円の募金目標をかかげて取り組みました。今年1月以降は、地区委員会全体の選挙募金で支えていきます。地区委員のメンバーで、高津区特別募金を推進する財政委員会もつくり、真っ先に募金への協力をお願いしたい方々の名簿もつくって協力をあおぎ、候補者と家族の結びつき、つながりも生かして、土建・建設・教職員運動などの線上でも協力者を広げました。支部には特別募金の主旨を伝えて、広く党員・読者・後援会員・支持者の皆さんに協力を呼びかけました。募金目標が、目的がハッキリしているので、毎月毎月必ず募金をしてくださる方など協力が広がり、高津区特別募金は昨年6月ごろに700万円の目標に到達しました。

多摩区、宮前区の市議選特別募金も昨年4月から高津区の経験を生かして取り組みました。このなかでも、特別募金開始とともに50万円を寄せていただいた支部の党員の方や、毎月10万円の募金を約束して最初の月はまとめて数カ月分前倒しでくださる方など、大変、ご協力いただき、多摩区特別募金も目標500万円を達成・突破し、宮前区特別募金も目標400万円に迫るものとなり、合計で1600万円、この募金で3人の新人候補の活動を昨年12月まで支え切って、今年の本番のたたかいに入れたことを、大変嬉しくありがたいことだと思っています。

同時に取り組んだ統一地方選挙募金、全体の募金は3000万円が目標でこれまで1000万円が寄せられています。党の躍進や議席増を期待する、熱い思いがこもった募金にも応えて、連続選挙で必ず勝利するため全力をあげていきたいと思います。

「財政減少に見合う支出」でなく、「必要なお金は集める」見地で

東京・北多摩東部地区委員長　鈴木　文夫

財政活動について発言します。「財政の減少に見合った支出を」ではなく「必要なお金は集める」との見地で攻勢的な財政活動に取り組んでいる経験を中心に発言します。

私は、1977年から地区委員会の専従をしています。当時は、地区委員会の専従者は若い6人前後の専従者がいました。それが2011年7月に私が北多摩東部地区委員会に来てびっくりしました。専従者は地区委員長と出張所長の2人だけでした。なぜそうなっているのか聞くと、2006年に地区の財政6カ年計画という財政再建計画で、深刻な地区財政の赤字を解消するために現在の財政規模にふさわしいものにするということで専従者5人を2人にしたとのことでした。その分、非常勤者を組織しようとしたが、年々職場支部が減少し、党員も少なくなっているもとで非常勤の協力者がなかなか得られなくなっていました。2012年の時点では非常勤の協力者は組織部長だけで、地区常任委員として専門部に責任をもっていただいています。あとはほとんど地区委員長が責任を持たないといけないという状況でした。

私は、大変な危機感を持ちました。このまま党勢が後退し続けていけば財政が減少していくと、地区委員長か出張所長のどちらかが専従者として維持できなくなる。さらに進むとどちらも専従者として維持できなくなる。専従者がいなくなってしまうことすら現実の問題となるのではないか、日本の革命は専従者がいなくてもできるのかとの根本問題に突き当たると考えました。

このままでは、座して死を待つことになる。何とかしなければと考えました。考えた結論は、社会変革を行うには必要な活動と、それを推進しうる体制が必要であり、そのことを支部や党員に率直に訴えれば必ずこたえてくれるとの確信でした。

そこで考えた具体策は、専従者をもっと増やさなければ活動を前進させることはできないと思い、2012年1月から常勤者を1人増やすこと、そのための財源づくりの討議と検討をはじめ、4月1日から月30万円目標の「専従者維持募金」を恒常募金として決めました。

その直後に20代の党員を採用することができました。これで、常勤者を3人体制にすることができました。2017年8月には青年対策を強化するためにもう一人専従者を増やそうと30万円から60万円に目標を倍加し、毎月50万円台の恒常募金を確保することができています。その他にも、新人候補者維持募金を取り組んだり、夏季募金や年末募金をやりきれず危機に直面した時は、個人からの借金は絶対にしないと決め、「地区財政乗り切り募金」を提起したり、春募金を提起したり、そのつど地区の財政状況を率直に支部にお知らせし、打開策も提起し、支部がそれにこたえてくれました。

結果、年間の募金総額は年々拡大し、地区の専従者を増やしながら地区の財政健全化をする方向に進んでいます。

地区の専従体制が強化されたことによって、活動も前進方向に進むことができました。昨年の「特別月間」も７月の党員拡大の月目標30名を突破し、31名の党員を増やすことができました。昨年12月の西東京市の市議選も、党費党員で前回市議選時を回復してたたかうことができました。

最後に、党旗びらきの志位委員長のあいさつの中で提起された「統一地方選挙必勝作戦」について発言します。３月１日を投票日に見立てて統一地方選挙の勝利に必要なやるべきことをやりきろうとの提起についてです。この提起は、昨年12月23日投票の西東京市議選をたたかった教訓からも本当に重要だと痛感しています。投票率が４％ほど低くなるもとで、自民、公明、立憲民主は得票を伸ばしたが、わが党は残念ながら得票を減らしました。同時に得票率を大きく伸ばした時の得票率をほぼ同じ水準で維持することができ４人全員当選を果たすことができました。

教訓は、いろいろありますが、自力づくりが日刊紙の前回比92％、日曜版が93％の到達で前回時を回復できずにたたかいました。もし、少なくとも前回時を回復していれば、得票数でほぼ前回水準を勝ち取ることができたと思います。前回時３割増を達成することができれば、大きく得票数を伸ばすことができたのは確実です。

もう一点の教訓は党員の高齢化による活力低下が予想以上の困難さをもたらしたことでした。党費納入数では前回比を突破しましたが、それでも全体的な活力低下は大きなものがありました。ここから導き出される教訓は、３割増の党員拡大と早い時期からの選挙活動の取り組みです。

わが地区は、統一地方選挙の小平市議選をたたかっていますが、安倍自公政権の打倒の突破口を開くべくたたかわれる歴史的な参院選を勝利するため、西東京市議選の教訓からも切実になっている「統一地方選挙必勝作戦」の方針を正面から受け止め、３月１日を投票日に見立ててやるべきことをやりつくすこと。とりわけ、前回市議選時を何としても突破するために全力を尽くす決意です。

宮原必勝へ、演説会成功と全党決起を

大阪・高槻・島本地区委員長　浅沼　和仁

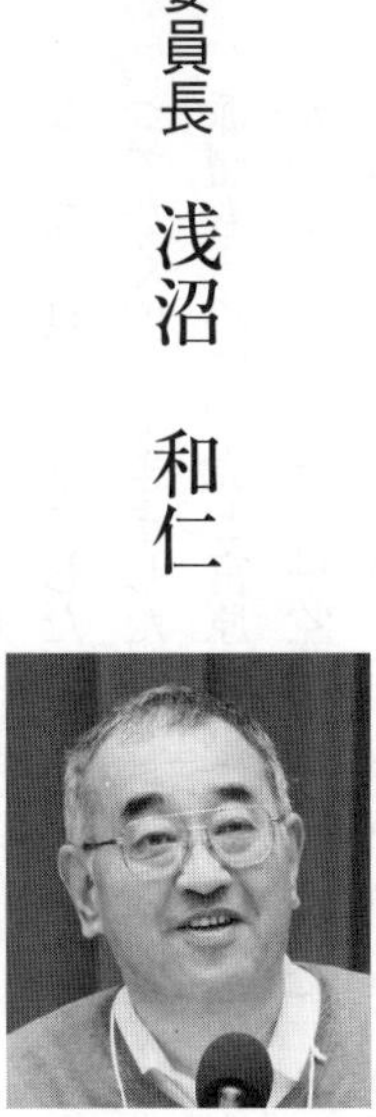

私たちの地区委員会は維新府政のもと府議会で２議席しかない共産党の府会議員団、その大黒柱である宮原たけし府議団長の再選を必ず勝ち取ることが、現時点での最大の政治目標になっています。これがその後の高槻市会議員選挙、そして参院選の勝利の土台にもなる。そしてそれだけではなくて、この大阪で宮原府議団長の議席を守り抜くことは、全党的、全国的課

題です。

選挙戦の様相ですが、高槻・島本は、あの辻元清美氏の地元でもあります。そして、定数4人に5人の少数激戦になるといわれており、この間の党勢や国政選挙の結果などからみてわが党は第5党だと見ざるを得ない。しかし、勝機はあるとみています。

高槻市は、昨年6月の北部地震の震源地です。また9月の台風21号で大阪府の山林被害の約9割が高槻市に集中しました。このような大きな被害が出ました。そういう中、宮原府議を先頭に地区党をあげて、立党の精神を発揮して、被災者支援に取り組んできました。そして、小学校、中学校のブロック塀の撤去への国と府の補助がつく、被災者支援についての大阪府の独自の予算を組ませる、こういう成果を上げるなど、宮原府議ほど活動し実績を上げてきた議員はいません。分かりやすい例を一つ言うと、地震または台風における被災の90%以上は家の一部破損です。そういうことについては国の補助は一切ありません。市町村の数万円規模の補助のみです。しかし、高槻市は罹災《りさい》証明があれば、国保料と65歳以上の介護保険料が半額になるという減免制度が残っていました。これが大規模に適用されました。これについては大阪府が松井知事のもとで国保料の一本化を進めてきています。そういう中で、国保料のことを決めるのは市町村だと唯一質問したのが宮原府議です。それに対して松井知事は「その通りだ。これはお願いです」という答弁をせざるを得なかった。これを力にして高槻の市会議員団が、高槻の市議会で頑張ったからこういうことが実現しました。ですから、高槻市役所の窓口に人が殺到しました。殺到した人の多くは私たちが発行したビラを握りしめて窓口に来られているという状況も生まれています。

高槻市は大阪でもかなり進んだ市政となっています。例えば、70歳以上の全市民は、市バスは全部無料で乗れます。介護保険料は大阪で一番安くなっています。小学校35人以下学級が実施され、保育所も増やされ、安易な民営化もされていません。そういうこともあり、高槻市の健康長寿年齢は大阪府で女性が1位、男性が2位、そして子育て人口が増えているということで大阪でも住みやすい市だということが定着しています。そして、これらのことは宮原府議を先頭にした党と住民のみなさんの要求運動の成果でもあります。さらに高槻・島本では市民連合の活動も活発に行われています。これに一番まじめに取り組んできたのは、党と宮原府議です。これについては、市民連合で活動している中心的な方々の常識になっています。

さらにこの間、チャット宣伝をやる中で、安倍首相が消費税10%増税を言い出したところをきっかけにして、そして、辺野古に土砂を投入し始めた、これが決定的になって「あれはもうやりすぎや」という声が寄せられるようになりました。そして、ビラの取りが12月に入ってかつてなく良くなりました。また、激励の声もかつてなく増えてきました。そして保守層や無党派層も含めて、党と宮原府議に対して信頼が広がっている。「これは必要な議席なんだ」というふうに思う人が広がってきているというのが実感できる状況になっています。

そういう中で宮原押し出しの〝三つのキーワード〟を確認しました。一つは「高槻・島本のために一生懸命。だから宮原」。二つ目は「安倍政治NOの共闘に真剣。だから宮原」。三つ目は「維新とたたかう、なくてはならない議席。だから宮原」。大阪の松井知事にとって一番来てほしくないのは宮原府議です。だから宮原です。これを読者や1万6500人いる後援会ニュース読者会員だけでなく、保守層や無党派層、あらゆる階層に広げていく。「党と宮原府議が一番いいな」という人を増やすとともに、それだけじゃ足りないから、いま宮原府議を2番目、3番目、4番目にいいなと思ってる人のところに「あなたは無理かもしれんけど、あなたの家族の票をちょうだい」という活動をやる、そういう票を取ってくるということができれば必ず勝てると意思統一をしてきました。

目標も決めております。地区内の動きも増えてきていますが、まだまだ本格的にはなっていません。私も地震で15年住んでいた家を引っ越さざるを得なくなり、新しい家に公明党の市会議員が来ていて、これにはびっくりしましたが、そういう点でも負けていると思いました。

しかし、1月12日に地区党会議をやり、支部のみなさんの発言を聞いて確信したことは、一つは、この選挙、私たちは堂々と胸を張ってたたかえる選挙なんだということ。二つ目は、地区党は女性部中心に『女性のひろば』を大会期2倍増にした数少ない地区委員会の一つでもあります。それ以外にも、党員がその気になれば大きな力を発揮する。その力の根源、一人ひとりの力を引き出すもとになるのは、支部会議の定例化と学習だと、そして新入党員が支部会議に参加することです。

地区党会議で「ポスターが他党に遅れているから何とかしよう」と提起したら、2日間で70枚新たに張りだすことができました。そして、「赤旗」日曜版もこの2日間で7人の読者が増えていました。高槻・島本は期日前投票が高い地域でもあります。3月1日までにやるというのは必須の課題です。2月24日に志位委員長が高槻に来ていただいて演説会を行います。これと連動させて目標をやりきることに挑戦するということを基本にやっていこうと思っています。しかし、演説会そのものの準備がまだやれていないなど、やれていないこともたくさんありますが、地区党の力を結集して、府委員会の力も借りて、宮原必勝、その後の選挙勝利のために全力で頑張ることを表明して発言とします。

試行錯誤しながら学生対策を追求

東京・千代田地区委員長　中村　尚美

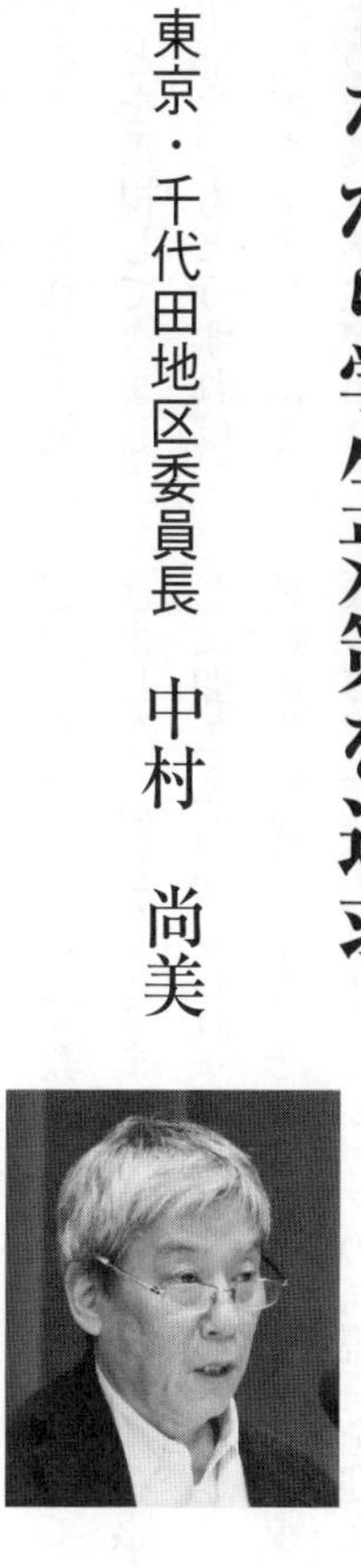

昨日の報告にあった法則的な党活動の探求と発展に関わって発言します。千代田地区委員会の構成は93%が職場支部ですが、きょう発言するのは学生対策についてです。

いま学生は、高い学費など安倍内閣の悪政に苦しめられています。先日もある民青同盟員と話をすると「年末年始は休みなくアルバイトしていて、休みもとれなかった」と話していました。また、党員が友だちと話をすると、消費税増税はいやだよねと不満を口にするものの、政治や社会を変えよう、選挙に行こう、とはなかなかならないという話を聞きました。こうした学生にどうアプローチし、政治を変えることでどのような希望ある日本社会をつくることができるのか、このことを学生の中に広げていくことが大事だと考えています。

千代田区には、官庁や大企業とともに巨大私学など大学が集中しています。地区委員会は、区内の主な大学、9大学の各学年に10人以上の学生支部をつくろうという壮大な目標を掲げています。しかし、実際のところはまともな対策がないまま推移していました。このことを反省して、一昨年の夏から本格的に学生対策を進めるために、私と学生担当者、民青の地区委員長の3人で、青年・学生部会を月1回のペースで開くことにしました。その最大の目的は、学生支部や民青班、党員、同盟員の実情をよくつかんで、共通の認識に立って対策を考えるためです。民青のグループ会議も月1回は行うようにして、より学生の実情がリアルにわかるようになりました。また、都委員会が行っている学生対策会議もほかの地区委員会の努力や学生の状況なども知るうえで参考になっています。

状況を聞くと、様々な悩みを持ちながらも、自らの要求実現、学習活動、党員・同盟員拡大に意欲をもっていること。また、今の学生が私の頃と違って、授業に非常にまじめに出て、サークルもやりバイトもやり、私も知りませんでしたが、いまは1年生からゼミがあるということで、非常に忙しい状況の中で党や民青の活動に参加していることなどもわかりました。

私たちは、同盟員が確信をもって民青の活動に参加できるようにするため、民青の学習セミナーの促進を重視してきました。これまでも繰り返し言ってきたのですが、なかなか進みませんでした。改めて、民青の地区委員長から、全同盟員名簿に基づいてどうするかを考えました。夏には学生班が合宿をやっていますので、それをセミナー修了の機会と位置づけることなどを学生に提起し促進してきました。繰り返し強調する中で、学生自身がセミナーの講師を務めるなど、少しずつ定着してきています。セミナーを修了することが、班会議の定例化を軸にした楽しい民青班の活動と合わせて、2年連続で4人の学生党員を迎える力になったと思っています。

もう一つ重視したことは、支部や民青班が考えた企画や計画、班合宿や学習会、街頭シール投票などを何とか成功させること。それで元気に活動できるようにすることを重視してきました。そのために青年・学生部会でもどうすればいいのかを検討して、その内容を学生たちに提起して議論してもらう。その結果、学生が出した結論は尊重するというスタイルでやってきました。そして取り組んだ結果については、必ず前向きに評価するようにしてきました。

先月も実は2人の同盟員に入党をよびかけ、断られました。この2人の同盟員は、いま入党にもっとも近いということで、学生支部も私たちも期待していましたが、断られてがっかりはしていました。しかし、訴えることで、初めて入党を断る理由が分かった、このことは一歩前進だということで、次の対策を考えるようにしています。

学生が前進する力は、学生自身の中にあります。昨年の地区党会議で学生の同志が自らの活動を振り返り、「みんなで話し合い、みんなで実践し、みんなで反省し、また実践だ」と発言しました。私はこの発言を聞いて、活動の経験を積み重ねることが、自らの力で前進を切り開く力になっていることを実感しました。

またこの間の様々な活動の中、例えば全都的にとりくんでいる学費無償化プロジェクトの実態調査アンケートに教員が協力してくれるなど、いくつかの大学で教員との連携も広がってきました。何となくうまくいっているような感じに聞こえるかもしれませんが、本当に日々、試行錯誤の連続です。そうはいっても学生が頑張って、一昨年、昨年と2ケタの同盟員を迎えて、二つの大学に民青班を再建できました。その結果、学生班は三つになりました。党支部については、5大学の党員で一つの集合支部をつくっていますが、三つの大学で支部を再建する展望も切り開けました。これを本物にするかどうかのカギは、今年の新歓を成功させるかどうかにかかっています。

志位委員長は報告の中で、学生はすべて有権者、新歓と選挙は対立しないと強調されました。今年の新歓は選挙があるだけにチャンスです。新歓を選挙作戦と位置づけて、地区の壮大な目標に少しでも接近するために、青年・学生部会で、今年の新歓の位置づけや作戦を早急に具体化し、学生の同志ともよく相談して、必ず成功させる決意です。最後に当然のことながら、「必勝作戦」の成功にも全力を挙げることを表明して発言を終わります。

潜在力、瞬発力を引き出せる党機関の長に

静岡県委員長　山村　糸子

空白県議会をなくした4年前の統一地方選挙で、最後に当選を決めたのは静岡県です。いつも私の胸につきささる戒めです。27回大会では、すべての県議会での複数議席の実現と政令市の県議ゼロ、市議ゼロ選挙区をなくすことを決めました。大会決定を実践するには、浜松市に加えて、静岡市での県議の獲得と、前回3議席伸ばした政令市・浜松市の議席をさらに二つ増やすことです。それをやり遂げて、参院選比例27万票、15%以上への実現の関門をこじ開けることです。容易ではありませんが、それを可能にする有権者の中での大きな変化と条件の広がりを実感しています。

東日本大震災で福島原発事故が起きた直後の県議選で議席を失って以降、私たちは何よりも浜岡原発の再稼働を許さない世論づくりと、運動に全力を注いできました。4年前、党の議席を回復し、県民と力を合わせて県知事に「自分の任期中は再稼働に同意しない」と表明させました。リニア新幹線建設も水と環境保護をテコに静岡県は同意をしていません。さらに清水駅前に計画された液化天然ガスの大規模火力発電所の建設を市民運動を通じて断念に追い込みました。県民の福祉でも高校生までの医療費の無料化など、県民の運動を通じて、実現してきました。今回の選挙では、安倍政治による地方壊しを厳しく告発し、それと対決するわが党の議席の力、議席の値打ちを語り、2議席以上に増やしたら県政をもっと変えられるという展望を押し出す論戦を重視しています。安倍政権の戦争する国づくり、大軍拡路線のもとで、広大な富士山麓の演習場での米海兵隊の演習が強化され、オスプレイの飛来が日常化している。浜松市のど真ん中にある航空自衛隊の浜松基地が訓練基地から実戦基地へと強化される危険が強まっています。東海地震の震源域にある浜岡原発の危険とあわせ、東西に長い静岡県はどこに住んでも安倍政治よる命の危険にさらされています。さらに全国に先駆けて、水道民営化の動きが浜松市で進められています。暴走政治と対決し、370万県民の命と暮らし、安心・安全を守る県政の実現は県民にとって最大の課題です。

統一地方選挙の政治目標を実現し、参院選の躍進・勝利につなげるには自公政治と対決し、打ち勝つという政治的構えを確立し、党の議席の値打ちを突き出しながら、「必勝作戦」の二つの課題を確実にやり遂げることだと、改めて

会議に参加して受け止めました。街頭宣伝を3月末までに50世帯に1カ所の目標で取り組んできましたが、これを前倒しで加速させながら、いつも遅れる対話と支持拡大を今度こそ期限を守ってやり上げる。そのためには「支部が主役」の支持拡大を、今度こそ草の根で担い手を広げに広げること、さらに切実な要求や運動を通じて、保守・無党派の人たちとの対話をこれまでにない規模の組織活動に発展させることです。その中で党員と読者の拡大目標をやり上げ、党の自力をつくって選挙をたたかう決意をこの会議で改めて固めました。

可能性と条件は広がっています。「安倍政治を変えたい」、「応援するだけでなく、私も参加して何かしたい」と中央にメールを送り、入党した人、『赤旗』を読みたいと中日新聞の取次店を訪れた人、地域の軒並み訪問で「この新聞を読みたかった」と言った人など、県民の中に生まれている新たな変化にこちらがまだ対応しきれていないのが現状です。

党内にも選挙で勝って安倍政治を変えたいという思いは広がっています。12月にひらいた地区党会議・県党会議は、その思いに火をつける場になったと思っています。あとは、機関が支部としっかり結びつき、支部が党員と毎日つながって目標をやりきる政治的団結を固めることだと思います。ここに参加している西部地区委員長は、前の地区委員長が候補者擁立が遅れた居住地の選挙区の候補として浜松市議選に立候補することを決意した後、突然の要請を受け止めて、この12月に地区委員長に就任しました。地区党組織は65歳の新任地区委員長の決意にこたえ、12月最後までの猛奮闘で読者拡大をそろって前進させました。浜松市中区を選挙区にする平賀たかしげ県議は5カ月間の連続拡大を決意し、昨日まで75日間連日拡大を続けています。党にはこういう党員魂が根付いている、潜在力も瞬発力もあると私自身が学んだ貴重な教訓です。

困難をあげればキリがありません。困難を語ることは容易にできます。しかし、党組織を団結させ、党綱領に裏打ちされた確かな展望を語って、持てる力を引き出す役目を担うことのできる機関の「長」をめざしたいと思います。

3月2日に志位委員長が静岡に見えます。3月1日までの目標を必ずやり上げて、志位委員長をお迎えしたいという決意を最後に述べて私の発言とします。

—ＭＥＭＯ—

—MEMO—